塞尔达传说
视觉艺术史

[英] 未来出版社 编著 李玫霏 译

人民邮电出版社
北京

图书在版编目（CIP）数据

塞尔达传说视觉艺术史 / 英国未来出版社编著；李
玫霏译. — 北京：人民邮电出版社，2024. — ISBN
978-7-115-65334-5

Ⅰ. G898.3

中国国家版本馆 CIP 数据核字第 20246D6K50 号

FUTURE

内 容 提 要

任天堂的知名系列游戏《塞尔达传说》从诞生至今，跨越近 40 载的岁月长河，游戏持续
推陈出新，构建了一个又一个绚丽多彩的幻想世界，引领着无数玩家踏上了一段又一段精彩
的冒险之旅。本书不仅梳理了该系列游戏的发展历程，还收录了关于该系列游戏的一些专题
访谈和短篇文章，旨在为读者揭开这一系列游戏的幕后故事与种种趣闻。即便你并非《塞尔
达传说》系列游戏的资深粉丝，也无法忽视这一系列经典游戏的巨大影响力。希望你喜欢阅
读本书，就像玩家喜欢这个系列的游戏一样。

本书适合《塞尔达传说》系列游戏、任天堂游戏的爱好者阅读与收藏。

◆ 编　著　[英]未来出版社
　　译　　　李玫霏
　　责任编辑　李　东
　　责任印制　陈　犇

◆ 人民邮电出版社出版发行　　北京市丰台区成寿寺路 11 号
　　邮编　100164　电子邮件　315@ptpress.com.cn
　　网址　https://www.ptpress.com.cn
　　北京九天鸿程印刷有限责任公司印刷

◆ 开本：889×1194　1/32
　　印张：7.25　　　　　　　　　2024 年 10 月第 1 版
　　字数：293 千字　　　　　　　2025 年 8 月北京第 5 次印刷
　　著作权合同登记号　图字：01-2024-0530 号

定价：69.80 元

读者服务热线：(010) 81055410　印装质量热线：(010) 81055316
反盗版热线：(010) 81055315

前言

    这是一个跨越几代人的传说、是一部史诗，讲述了女神、古老的魔王、魔法神器、大师之剑及一对青年男女命运交织的故事。

    《塞尔达传说》系列游戏自诞生至今已近 40 年，已经成为众多电子游戏爱好者心中最值得推崇的游戏系列之一。从 1986 年在原始的 FC 游戏机上诞生，到《时光之笛》中大胆的 3D 革新，再到《旷野之息》成为销量百万的史诗级作品，《塞尔达传说》系列游戏吸引了各个年龄段的玩家，极大地激发了他们的想象力。

    不论你是从 8 位像素的海拉鲁起步，还是直接踏足于系列最新作品中宏大而荒芜的王国，我们都有着共同的体验。故事里总会有一个林克，一个塞尔达公主，还有一个强大的、需要战胜的魔王，《塞尔达传说》也因此成为游戏界最奇特的系列之一。事实上，这个系列是在反复地讲述同一个故事，只是每次加上不同的细节，让每个故事都独具特色。因此，不论玩家之前玩的是哪一款，都能与其他玩家架起一座熟悉的桥梁。

    本书将会对《塞尔达传说》系列的每一款游戏进行探讨，发掘它们的伟大之处。《塞尔达传说》系列游戏的开发者们还将带领我们走进幕后，分享他们的见解。如果你是《塞尔达传说》系列游戏的粉丝，你一定会喜欢这次的时空之旅。如果你是第一次走进这个世界，给你一个建议："一个人的旅途是很危险的，带上它吧！"

目录

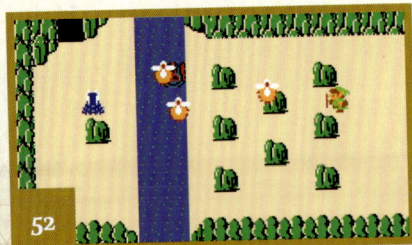

8

52

70

95

148

130

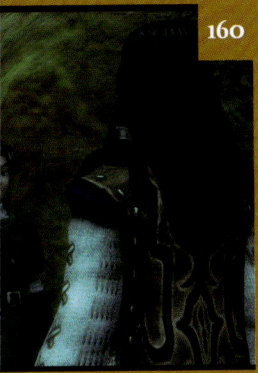

160

181

传奇之始

从"冒险马力欧"项目到《塞尔达传说》

里奇·斯坦顿（Rich Stanton）

1985 年 2 月，任天堂急需一款畅销游戏。宫本茂、手冢卓志和中乡俊彦当时正为 FC 游戏机开发《马力欧》系列的第一款游戏——《超级马力欧兄弟》，该款游戏预计在同年 9 月完成并发行。然而，仅凭一个爆款不足以推广 FC 游戏机及即将推出的 FC 磁碟机，市场需要更多元化的游戏类型，以及与众不同的新作。于是，《塞尔达传说》的开发工作开始了。

整个 2 月，宫本茂和手冢卓志都在构思一款全新的游戏：与《马力欧》系列的线性关卡和注重动作的玩法不同，玩家可以在这款游戏里自由探索和解谜。宫本茂和手冢卓志携手合作，他们时常围着一张长长的图纸绘制地牢、大世界和各种可怕的敌人。所有这些资料都收集在一个名为"冒险马力欧"的文件夹中。

手冢卓志的贡献固然不可忽视，但《塞尔达传说》的起源与宫本茂密不可分，更确切地说，是与他的童年经历密不可分。宫本茂出生并成长于京都的园部小

镇——这里也是任天堂的故乡。据说，他是一个好奇心旺盛的孩子。他常在家里翻找橱柜，在园部的田野间漫步，偶尔还会发现一些意想不到的东西。

在《游戏结束》一书中，作者戴维·谢弗（David Sheff）与宫本茂聊起了他的探险经历。宫本茂说："小时候，我远足时偶然发现了一片湖泊，

> **66 《塞尔达传说》的起源与宫本茂密不可分，更确切地说，是与他的童年经历密不可分。99**

这对我来说真是个极大的惊喜。后来，我在国内旅行，没有地图，全靠自己摸索前进。在这个过程中，我发现了很多让人惊叹的事物，体验到了冒险的感觉。"

《塞尔达传说》的一大缺失就是没有大世界地图。当玩家操控林克深入地牢探险时，可以找到地图作为指引，然而一旦回到地面，就只能靠自己的记忆来寻找方向。《塞尔达传说》的精髓在于探索，游戏中的每一个像素都蕴含着宫本茂的好奇心。

宫本茂对一个陌生的山洞记得特别清楚，当时年幼的他没有勇气立刻进去，而是第二天带着灯笼重返洞口。"当一个孩子孤身踏入山洞时，他那一刻的心理和精神状态，必须要在游戏里呈现。进去后，他必须感受到周围的冷风，注意到一旁的岔道，然后决定是否要去探索一番。有时他会迷路。如果现在再去那个山洞，作为大人的你可能会觉得很可笑，因为这不过是个小山洞，没什么大不了的；但当你还是一个孩子的时候，即使明知这是不被允许的，你也抑制不住那份探秘的冲动。那可不是一个无关紧要的时刻。"

手冢卓志对《塞尔达传说》的影响则更为直接。他在 1984 年加入任天堂，恰逢游戏开发前夕。他将自己对传统幻想文学的热爱——特别是对 J.R.R. 托尔金《指环王》的喜爱，与宫本茂的童年幻想结合在了一起。《塞尔达传说》系列的丰富世界是各种神话的大杂烩，包括彼得·潘和亚瑟王的相关元素，最重要的是，它深受主流奇幻类作品的启发。

宫本茂曾说："林克虽然是一个普通男孩，但他肩负着对抗魔王的使命。"这款游戏和 ▶

草图《塞尔达传说》的世界

宫本茂最初为《塞尔达传说》所作的草图表明，他从一开始就已经构思好了一切

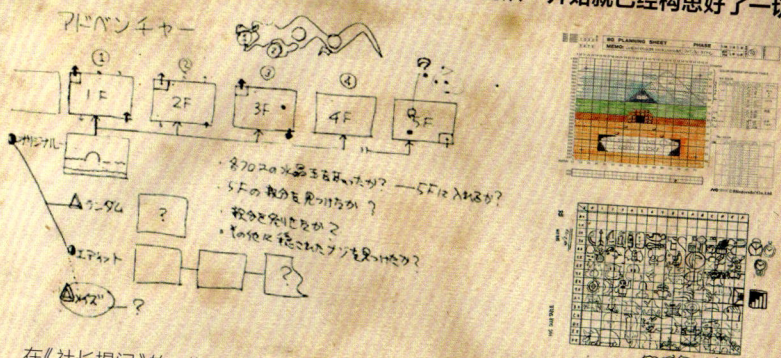

在《社长提问》的一期节目中，主持人岩田聪与《塞尔达传说》的制作团队进行了交流。其间，任天堂展示了游戏最初的草图和设计框架，这些资料主要出自宫本茂之手，不仅展示了游戏的框架，还描绘了诸多细节。

第一张图顶部日文的意思是"冒险"，呈现了游戏最初的设计类型。宫本茂从一开始就将多层地牢视为游戏的基础，而左侧是最初的三角力量的草图。右上角的图案有点像陶笛，或许这样的联想略显牵强。

第二张图表很有趣，因为它向我们展示了《塞尔达传说》的另一面：游戏最初只有地牢关卡，而这也是所有关卡的起点，玩家可以在这里选择接下来要去的地方。

第三张图片标着"敌人"。这很有意思，不仅首次揭开了《塞尔达传说》中许多怪物的神秘面纱，还是按照比例绘制的：方格纸上展示了每个敌人在最终游戏中的大小，这对于负责将宫本茂的创意变为现实的程序员来说是一个有用的指南。注意，这里还有刀锋陷阱和地牢楼梯的绘制。

底部的图是《塞尔达传说》大世界的最初草图，左侧出自手冢卓志之手，而右侧则由宫本茂创作。他们二人并肩携作，一气呵成地完成了这幅草图。他们用的是永久性记号笔，所以你可以在某些地方看到修正液的痕迹。图中的小点代表单独的岩石和树木，如果仔细观察，甚至可以看到迷失森林。

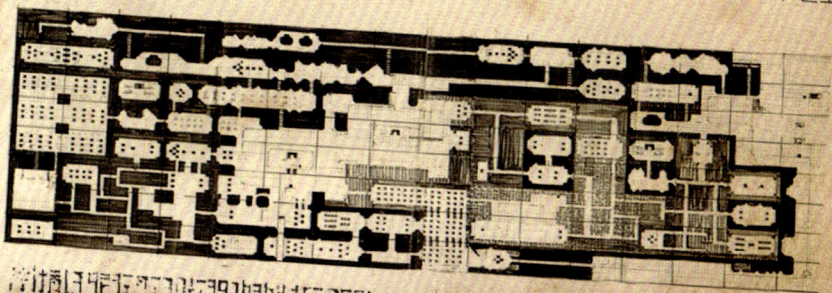

11

传奇的诞生

游戏大冒险的趣闻

最后一刻的改编

电子游戏史上赫赫有名的《塞尔达传说》主题曲实际上是临时应急的产物。最初，近藤浩治参考莫里斯·拉威尔（Maurice Ravel）的《波莱罗舞曲》，创作了一首变奏曲，但就在游戏临近发售的时刻，他才得知这首曲子的版权还未到期。由于无法购买版权，近藤浩治只好着手创作全新的主题曲。仅仅用了一天的时间，《塞尔达传说》的大世界背景音乐就诞生了。有趣的是，在《时光之笛》的开发过程中，这个版权问题得到了解决，所以近藤浩治又重新采用《波莱罗舞曲》的曲调，创作了游戏中《火之波莱罗》的主题曲。

名字的含义

在 20 世纪初的美国，"Zelda"这个名字很流行，而其中一位名叫 Zelda 的婴儿，长大后成为伟大小说家弗朗西斯·斯科特·基·菲茨杰拉德（Francis Scott Key Fitzgerald）的妻子。这个名字源于"Griselda"，一个古日耳曼名字，大意是"黑暗之战"。但对宫本茂来说，选择这个名字的理由很简单："Zelda 是弗朗西斯·斯科特·基·菲茨杰拉德妻子的名字。据说她是一位非常美丽且有名的女性，而且我喜欢这个名字的音韵。所以我冒昧地把它用作这个系列第一款游戏的标题了。"

牛魔王

在《塞尔达传说》中，盖侬首次登场，游戏最初的概念草图中也有他。在草图中，这个角色被称为"八戒"，显然这是借鉴了中国著名小说《西游记》中那位猪脸形象的猪八戒，这部小说在日本也很有名。但在其他注释里，他又被冠以"牛魔王"的称号。在《塞尔达传说》中，盖侬窃取了力量三角。塞尔达公主为了保护智慧三角，将其分成了八块。而林克便肩负起了击败盖侬和重组这个神器的任务。奇怪的是，在第一部游戏中，三角力量只有力量三角和智慧三角这两部分。在后续作品中，林克却成为勇气三角的持有者。

▶它的开发者都透露了一个根本性事实："很多人都有一个英雄梦。"

仅仅发现一件事情是远远不够的，你是否有勇气更进一步呢？《塞尔达传说》起初在内部的名字是"冒险"，而"马力欧"这一名称早已被淘汰。这是一款没

一位老朋友

在《御天之剑》中，塞尔达公主的保姆英帕首次在正统游戏中出现，虽然她的身影在最初的作品中就已经出现过。在初代《塞尔达传说》的说明书中，英帕受塞尔达之命出发寻找林克——那个可以拯救他们的英雄。盖侬派出手下追捕她，将这位老保姆逼入了绝境。就在此时，一个陌生男孩出现了，他不仅救了英帕，还击退了追兵。知道这位男孩就是林克后，英帕把盖侬背叛他们的事情告诉了他。就这样，一场宏大的冒险故事开始了。

黄金三角

三角力量的设计与日本古代极具影响力的北条家族的传统家纹非常相似。在日本文化中，这样的传统家纹就好比家族的徽章。尽管它们的相似之处显而易见，但这背后并没有什么更深的联系。然而，有趣的是，在《塞尔达传说》系列取得成功后，宫本茂、手冢卓志和中乡俊彦在内部被戏称为"黄金三角"，因为他们总能制作出风靡一时的游戏大作。

声音的力量

日版 FC 游戏机的第二个控制器里，有一个内置麦克风，这是西方版本所没有的。玩家可以对着麦克风大喊（或者吹气），来削弱一个名叫"大耳波斯"的敌人。困惑的是，西方版本的游戏说明书里仍然提到了大耳波斯"讨厌噪声"这一点。所以很多玩家误以为需要让林克吹笛子，结果吹到面红耳赤也没什么用。实际上，玩家只需要用箭射它就可以了。

有高分追逐，也无须逐级闯关的游戏。宫本茂和手冢卓志构建了一个辽阔的开放世界，这是一个从一开始就能自由探索的世界，山洞、湖泊和森林遍布其中。这里不仅有潜伏的怪物、遍地的宝藏，更藏着无数的秘密。

❤ ❤ ❤

❝ 宫本茂和手冢卓志构建了一个辽阔的开放世界, 这是一个从一开始就能自由探索的世界, 山洞、湖泊和森林遍布其中。这里不仅有潜伏的怪物、遍地的宝藏, 更藏着无数的秘密。❞

用炸弹才能炸开的墙, 深草丛中隐藏的地下室, 用木筏才能渡过的水域, 以及那些无法仅凭蛮力击败的敌人, 这些设计理念都显得格外宏大, 因为最初《塞尔达传说》是为当时功能更为强大的街机制作的。然而, 任天堂发展的重心正在转变: 在 FC 游戏机推出之前, 他们最成功的游戏是像《森喜刚》那样的街机游戏。而现在, 他们正准备推出 FC 磁碟机的升级版, 这是一款外部设备 (简称外设), 能够让用户使用具备擦除与写入新游戏功能的软盘。为了推广这款新设备, 他们需要一款旗舰级的首发游戏。

《塞尔达传说》就是这款游戏。游戏和磁碟机于 1986 年 2 月 21 日在日本发行。游戏最初的名字有点长: 《海拉鲁幻想: 塞尔达传说》, 但在 17 个月后发行的西方版本中, 它的名字被简化了。FC 磁碟机有几项令人心动的功能, 其中之一便是保存游戏进度的功能, 这也是《塞尔达传说》成为经典的重要原因。

这是《塞尔达传说》的一项重要创新。当时的大多数游戏都是靠密码系统来保存进度的。而当《塞尔达传说》登陆西方市场时, 它采用了卡带的形式, 这是史上第一款用内置电池供电的随机存取存储器 (RAM) 来保存进度的游戏。存档功能不仅是一项技术创新, 还是《塞尔达传说》与 "一局定胜负" 的街机游戏的区别。在那个时代, 家用游戏机的视觉效果虽无法与街机相媲美, 但它提供了街机无法比拟的游戏体验。

坚持, 进步, 持久。

如今去回顾《塞尔达传说》的创新之举, 我们可能会忽视宫本茂、手冢卓志及任天堂开发团队其他成员所作出的非凡贡献。其开放世界、难度, 乃至探索的概念, 在当时的游戏界都是前所未有的。

宫本茂说他希望为玩家打造一个 "可以放在抽屉里的微型花园"。因此, 游戏呈现出一个真正意义上的开放世界: 128 个巨大的区域和 8 个地牢, 玩家可以自由选择探索的顺序。这种不确定性, 吸引着玩家进行探索。这是一次全新的自由体验, 也是一次全新的挑战。

由于这种设计与当时常见的游戏有很大区别, 因此任天堂携手发行商, 共同编写了一本名为《提示与技巧》的书, 这可能是世界上第一本电子游戏策略指南。任天堂热线还专门设了《塞尔达传说》系列专员, 这在当时可是一大创举。热线最常接到的是关于怪物哥利亚的问题，游戏里哥利亚的台词被误译成"咕噜咕噜"。当你知道答案时，你会觉得很简单：你只需要喂它吃东西。接线员会问来电的玩家：如果他们的肚子在咕噜咕噜叫，他们会做什么。这和你在游戏论坛 GameFAQs 或 YouTube 上搜索的体验是不同的，不是吗？

《塞尔达传说》的制作人员并不确定玩家对这样一款需要耐心的游戏会有什么反应。宫本茂回忆道："《塞尔达传说》是我们首次推出的逼着玩家思考下一步该做什么的游戏。我们担心玩家会对这个新概念感到无聊和有压力。幸运的是，他们的反应恰恰相反。"

66 '林克'这一名字的选取，象征着这个角色如同一张空白的画布、一位无言的英雄，等待着玩家用行动去赋予他色彩。99

《塞尔达传说》最令人惊叹的，莫过于它构建了一套完整的游戏模式，整个系列一直沿用至今，并且取得了辉煌的成就。无论是地牢、道具，还是游戏的发展，乃至故事框架，所有这一切，在如今看来像每天都有早晨一样理所当然。甚至连敌人都个性鲜明：吐石头的八爪怪、从沙地钻出的利巴、甩回旋镖的哥利亚、木乃伊古彼得、头戴螺旋桨飘浮的匹哈特、骷髅战士、跳来跳去的玻石虫，还有莫力布林——盖侬的恐怖投矛部队。而最诡异、最令人毛骨悚然的敌人，就是天魔手——一只无形的鬼手，它会在林克探索地牢时突然抓住他，并把他送回起点。

林克是游戏世界中最棒的角色之一。他的名字是为了表明这个角色的性格是空白的，他的性格由玩家的行为来塑造。他是一个沉默寡言的冒险者，玩家通过他来融入和探索游戏世界。林克虽然是一个角色，但更像是玩家的化身。宫本茂想让玩家能够身临其境地体验这个激动人心的世界，而不是仅仅作为另一个大眼

传奇的影响力

《塞尔达传说》的两大灵感来源

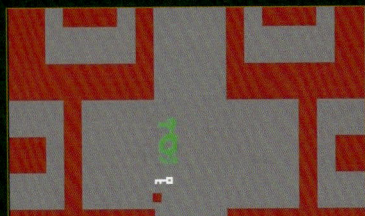

《冒险》

（雅达利2600）

这款游戏被看作动作冒险类游戏的鼻祖，而《塞尔达传说》系列后来成为这一类型的代表作。《冒险》的灵感来源于文字游戏《巨洞冒险》。《冒险》的设计师沃伦·罗比内特在这款游戏里创造了很多新颖的元素，包括游戏史上的第一个彩蛋（由于公司拒绝标明开发者，他偷偷地把自己的名字放进了游戏里）。而《冒险》对《塞尔达传说》系列的影响主要体现在地牢和相互关联的物品上。《冒险》的目标很简单——找回金色的圣杯，但要达成这个目标，玩家需要掌握大量的技巧，以便找到并正确使用各种物品。虽然现在看来，《冒险》的设计非常简单，但是其基于看似简单的物品构建复杂系统的基本原理对于《塞尔达传说》系列有着很大的帮助。

卡通人物。玩家不应该只是操控林克，而是通过他找到自己在游戏世界中的定位，无论是一个好奇的孩童还是一个目光坚定的成年人。

《塞尔达传说》作为一个拥有近40年历史的游戏系列，承载了多种意义。它备受各个年龄段评论家和玩家的喜爱，销量高达数百万，如今堪称任天堂王冠上最耀眼的明珠，同时也成为一种文化现象：你可以抱着林克的玩偶，买到时之笛的仿制品，或是在最豪华的音乐厅里聆听管弦乐队演奏其音乐。然而，人们之所以热爱《塞尔达传说》——"热爱"一词并不夸张——是因为它从一开始就比其他任何游戏都更能满足每个人追逐心中梦想的需求，是人类本能中所向往的一场奇妙大冒险。▲

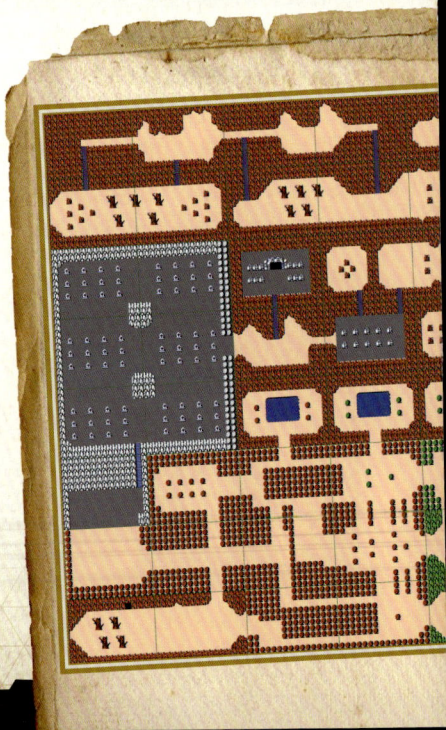

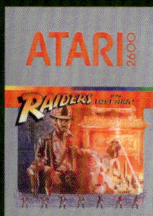

《夺宝奇兵》
（雅达利2600）

电影《夺宝奇兵》充满了惊险刺激的冒险情节，是宫本茂最喜欢的电影之一。与电影同名的游戏基于雅达利 2600 游戏机开发，这是游戏史上第一款基于电影授权的游戏。出人意料的是，考虑到雅达利后来的发展，这款游戏的表现还算不错。这款游戏的特色在于它的设计和对雅达利 2600 局限性的突破：玩家需要使用两个摇杆，以俯视角度操控印第安纳·琼斯收集物品以继续前进，而雅达利 2600 只有一个摇杆。老实说，在如今看来，这款游戏的体验并不理想，但宫本茂很可能玩过，因为《塞尔达传说》系列的地牢设计明显受到了它的影响。

林克的剖析

是什么让海拉鲁的英雄成为游戏界数一数二的角色呢？

尼克·索普（Nick Thorpe）

英雄档案

姓名：林克

首次登场作品：《塞尔达传说》

最近登场作品：《王国之泪》

精彩时刻：《众神的三角力量》《时光之笛》《旷野之息》

特点：绿色外衣、讨伐盖侬、打破罐子

> 66 我们不需要别人告诉我们林克是英雄，因为在每一款游戏中，我们都亲眼见证了他成为英雄的旅程。99

　　海拉鲁王国潜藏着一股古老而原始的邪恶力量，它一次又一次地苏醒，企图统治这片土地和这里的居民。几百年过去，盖侬上次现身的情景逐渐在人们的记忆中淡去，但其名字让王国的百姓们感到越来越恐惧。尽管这股邪恶的力量无法被彻底消灭，但无论形势多么严峻，总会有一个英雄挺身而出，消除威胁，他就是林克——正义的象征。

　　林克每一次的拯救世界之旅，都离不开那些熟悉的元素：拯救塞尔达公主、与盖侬战斗，以及使用大师之剑和三角力量等道具。不过，在不同的游戏里，林克达成使命的手法都各不相同——他或许会穿越时空，或许会跨越重洋，有时候甚至会变成狼。这是因为林克不是特指某一位英雄，而是继承了"林克"名号的众多传奇

在《旷野之息》中，林克的形象略有改变。他的头发更长了，而他那标志性的绿色外衣要在解开所有神庙的谜题后才会回归。

英雄中最新的一位。正因如此，任天堂得以在各个游戏中为林克塑造不同的外形和能力，而不必费力解释为何要剥夺他的技能和经验。这对游戏设计以外的方面也大有益处。

你总是扮演着不同版本的林克，这样的设定有助于营造一个平等的游戏环境。不管你是系列游戏的老玩家还是刚入门的新手，在新的《塞尔达传说》冒险开始时，大家都站在同一起跑线上。你不需要记住之前发生过什么，因为林克自己的记忆也是模糊的；《塞尔达传说》系列里，游戏之间很少直接关联。每当你遇到新的角色，林克也在和你经历同样的过程。如果你感兴趣，你会发现整个系列的故事线其实是有联系的，有很多人乐于投入时间去研究这些联系，但如果你只是想单纯享受《塞尔达传说》游戏的乐趣，那你完全不必为此烦恼。

虽然每部游戏都有自己独特的地方，但很多元素都是相似的。游戏通常不会在一开始就告诉林克他肩负着拯救世界的重任。林克常被塑造为年轻人的形象，年龄跨度从十岁左右的小孩到十几岁的青年，而且常常被周围的人认为有些懒散。实际上，在很多部游戏里，林克一开始甚至都还没做好战斗的准备，因为他最初的任务往往是去寻找一把战斗用的剑和一个盾牌。但很快，他就会被卷入一场更大的冒险中，在这个过程中，他学会使用各种新道具和技能，开启通往胜利的漫长道路。

另一个很少有变化的就是林克的沉默寡言。他并非真的一言不发，其他角色能听到他的声音并与他交流。在这些互动中，他总是表现得勇敢而富有同情心。但是，除了这些，玩家从未听到过林克的实际言辞。任天堂的开发者表示，这样做是为了让玩家更容易代入角色，自由想象他的对话内容。

没错，林克就是一个为了让玩家能够轻松地沉浸其中的角色。作为这个冒险故事中的主角，我们能够身临其境地体验林克的每一个成就和每一次成长。他通过搜集心心来增加自己的生命值，升级他的剑来提升战斗力。每当你通关一个复杂的地牢，或是战胜一个难以对付的头目，那份胜利的喜悦和成长，就像是你自己的一样。林克的智慧仿佛传递给了你，他的战斗技巧也仿佛成为你的本领。

林克的形象经过多年的塑造，已经成为游戏界最经典、最经久不衰的英雄形象之一——一个普通人成就非凡事业的典范。这让我们明白，英雄并非生来就是英雄，而是通过经历和成长塑造出来的。我们不需要别人告诉我们林克是英雄，因为在每一款游戏中，我们都亲眼见证了他成为英雄的旅程，这也是林克成为游戏界不朽符号的原因。他的年轻形象展现了一个充满无限可能的世界，在这里，玩家可以开辟自己的道路；他的技能让我们体验到了在现实生活中难以实现的惊险动作和战斗场面；而他的沉默寡言，则像是在向我们敞开大门，邀请我们进入他的世界，哪怕我们只是在玩电子游戏的普通人，林克也给了我们成为梦想中英雄的机会。▲

帽子

林克那顶又长又软的帽子让他看起来有点像彼得·潘。帽子遮住的头发通常是浅色（金黄或略带红褐色）的。但由于技术限制，有时他的发色也会发生改变。比如，在《塞尔达传说：众神的三角力量》中，由于调色板的限制，他的头发变成了粉色的。

衣着

林克最常见的穿着是朴素的绿色衣服搭配棕色靴子，这样的打扮透露出他对自然和周围环境的亲近。特别是在《塞尔达传说：时光之笛》这样的游戏中，他在森林里长大的经历更能体现这一点。他的衣着颜色有时候会有所改变，而较深的色调通常反映着游戏氛围。

脸部

林克的脸很有意思，因为在不同系列作品中的变化非常大。在最初的《塞尔达传说》里，他的形象还比较朴素，但随着游戏系列的不断扩展，他可爱的脸也逐渐变得充满个性。特别是在《风之杖》中，林克的表情变化达到了情感表达的巅峰，得益于游戏的卡通风格设计，他的脸显得特别生动。

耳朵

林克在大多数方面看起来都像是普通人类，但他的耳朵透露了他海利亚人的血统。他的耳朵尖尖的，像精灵的耳朵一样，与游戏中的幻想主题相呼应。有些游戏还提到，他的耳朵能听到大多数海拉鲁居民无法听到的诸神的声音。

等一位英雄

» 玩家们获得了林克的第一把剑，还有这条令人难忘的信息。（图中英文意思：一个人的旅途是很危险的，带上它吧！）

» 林克遇到了不少热心角色，当然也有一些古怪的人物，比如汀空和"错误"。（图中英文意思：我是错误。）

» 林克的第一次3D冒险——《时光之笛》，被许多人誉为史上最出色的游戏之一。

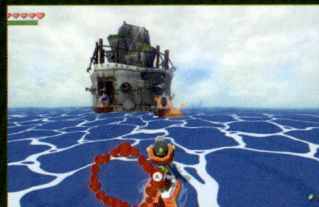

» 在《风之杖》里，林克不仅探索了广阔的海洋，还在海上进行了战斗。

装备

林克有点像一个拾荒者，他的装备通常在旅途中获得，而不是一开始就带着自己喜欢的武器出发。然而，在林克的众多冒险旅程中，他经常会找到一些特定的重要道具，比如大师之剑、海利亚之盾、回旋镖、炸弹，甚至弓箭。

镜盾

这面精美的镜盾不仅能够抵挡物理攻击，它的镜面还能反射光和部分魔法。

飞马靴

穿上这双飞马靴，林克就能飞速冲刺，轻松打碎物品，从高处取下东西。

回旋镖

这个经典的狩猎工具不仅能使敌人眩晕，还能对敌人造成伤害。升级后，它可以变成魔法回旋镖，飞得更远。

神奇的铁锤

速度快但攻击距离很短，更适合用于敲打木桩，或者用在敌人被冻结的时候。

为冒险做好准备

林克自身没有很强大的力量或技能，主要靠携带的装备和道具来打败盖侬。下面是一些值得注意的物品，你可以在游戏里找到它们

弓箭

经典武器，攻击范围比林克的剑要长得多，但箭的数量有限。

炸弹

炸弹的数量同样有限，它不仅能帮林克炸毁特定的物体，还能用来攻击敌人。

火焰杖和冰冻杖

利用它们，林克便能使用元素魔法，既能点燃火炬，也能冰冻敌人。

钩爪

林克的一大特色道具，能让他快速接近远处的物品，或者把敌人拉到自己身边。

捕虫网

如果你想捕捉蜜蜂并将其收进瓶中，捕虫网是个不错的工具。但是，用来捕捉精灵更好，因为它的治愈能力更能派上用场。

灯笼

探险时遇到黑暗的地方，可以用灯笼为林克照亮前行的道路。有时候，它甚至还能充当武器。

魔法镜

在《众神的三角力量》中，魔法镜可使身处黑暗世界的林克立即返回原本的世界。

魔法披风

一件神奇的道具。穿上这件披风，林克便能隐身，但需注意不要让魔法能量耗尽。

地震徽章

顾名思义，这枚徽章让林克能够自由地引发巨大的地震。

瓶子

瓶子看起来可能平平无奇，但它对于存储药水、精灵等有用的资源至关重要。

力量手套

别误会，这不是有毛病的 NES [1] 控制器。这个手套能赋予林克力量，让他举起和自己一样巨大的石头。

卓拉的脚蹼

脚蹼是一个非常有用的道具。穿上它，林克不仅能在水中畅游，还能使用卓拉族的特殊捷径。

爆炎徽章

这枚神奇的徽章能让林克释放出威力强劲的火焰，足以击倒绝大多数敌人。

以太徽章

利用这枚徽章，林克可以冻结屏幕上所有的敌人，甚至可以驱散雨水。

心之容器

这绝对是你能找到的最有用的东西之一，因为一颗完整的心可以增加林克的生命值，让他在冒险中活得更久。

卢比

可以换取商品和服务的货币。奇怪的是，你常常会在割草时意外发现它。

大师之剑

这把传说中的剑拥有封印盖侬的力量，总是比林克最初的剑要强大得多。

①欧美版 FC 游戏机。——译者注

《塞尔达传说》
的历史

每当《塞尔达传说》系列推出新作，总能吸引整个游戏圈的目光。电子游戏中，鲜有其他系列能像任天堂的这部史诗般巨作一样，让我们深深地着迷。如今，它已经走过了将近40个年头，影响力却依然与日俱增。让我们一起祝贺这个游戏界最出色的系列吧！

斯图尔特·亨特（Stuart Hunt）与尼克·索普（Nick Thorpe）

自从 1985 年林克首次在电子游戏界登场（除了 Virtual Boy 平台外），他似乎总是不遗余力地为任天堂的每一款硬件设备站台，哪怕是那些只在日本发行的独特设备。即便在 GameCube 游戏机的低谷期，任天堂的其他 IP 似乎失去往日的魔力时，《塞尔达传说》系列依然没有辜负"任天堂质量保证"的认证。所以，由一款《塞尔达传说》游戏为 GameCube 画上句号是很恰当的，而且《塞尔达传说》游戏也在任天堂大肆宣传的 Switch 推出的第一批"正式" ▶

《塞尔达传说》满足了宫本茂对于探险精神的追求，它至今仍被誉为优秀的 NES 游戏。

掌上林克

我们来快速浏览一下林克在掌机上的精彩冒险

《塞尔达传说：织梦岛》

发布时间：1993 年

游戏平台：Game Boy

这是第一款、也是许多粉丝心中最好的一款掌机《塞尔达传说》游戏。作为《众神的三角力量》在 Game Boy 上的精彩续作，《织梦岛》首次登陆掌机平台，标志着这个系列开始涉足掌机游戏领域。本作中，塞尔达和三角力量都退居幕后，而宫本茂也让出了总监之位，或许这也是《马力欧》元素大量出现的原因。林克被困在奇怪的科霍林岛上，听说了风之鱼的传说——这是一种居住在火山顶端巨蛋中的孔雀鱼。传说中，唤醒风之鱼会招致无尽的怒火，并导致岛屿毁灭。为了验证传说的真伪，林克与猫头鹰结伴踏上了寻找乐器的道路。如今，玩家可以在任天堂 Switch 上体验到这款经典游戏的重制版。

《塞尔达传说：织梦岛DX》

发布时间：1998 年

游戏平台：Game Boy Color

《塞尔达传说：织梦岛 DX》加入了 Game Boy Color 的豪华系列，这是基于 Game Boy 的原版进行上色和优化的移植版本。除了提升视觉效果（原本已相当精彩），任天堂还为游戏添加了一些新元素，其中最值得一提的是全新的"彩色地牢"——一个基于色彩的谜题。此外，游戏还增加了相机店和相册功能，玩家可以通过 Game Boy 打印机打印照片。

《塞尔达传说：大地之章》《塞尔达传说：时空之章》

发布时间：2001 年

游戏平台：Game Boy Color/Game Boy Advance

《大地之章》和《时空之章》是两款先后发行的游戏，它们开创性地由卡普空旗下的 Flagship 工作室制作，而非由任天堂自己制作。这个系列最初计划做成三部曲，玩家在一款游戏里的行为将影响另外两款。但由于实现这种设计相当复杂，最终游戏被缩减为两部。尽管如此，通过密码系统，玩家在一款游戏中的行为仍然可以影响另一款游戏。

《塞尔达传说：众神的三角力量与四支剑》

发布时间：2003 年

游戏平台：Game Boy Advance（GBA）

这款游戏标志着 Game Boy Advance 与 GameCube 合作
的开始。Flagship 再次出手，带来了这款卓越的复合版游戏，
内含超级任天堂（SNES）经典作品《众神的三角力量》的绝妙重制
版及多人游戏《四支剑》。《四支剑》支持 2 至 4 名玩家通过 GBA
联机，共同控制林克这个角色，一起解开富有创意的色彩谜题。游
戏采用了《塞尔达传说：风之杖》中的"卡通林克"形象，并首次推
出了新反派古夫，他后来成为《四支剑》系列中恶名昭著的常客。

《塞尔达传说：不可思议的帽子》

发布时间：2004 年

游戏平台：Game Boy Advance

《不可思议的帽子》作为 Flagship 工作室《四支剑》三部曲
的终章，却将故事设定在了时间线的较早阶段，这让玩家感到疑惑。故事里，贤者们化
身能说话的帽子，而林克缩小了体形，接着又莫名其妙地变成了一个巨大的球体。尽
管这些设定听起来有些离奇，但它们共同成就了一次别开生面的《塞尔达传说》冒险。
视觉上，《不可思议的帽子》采用更近距离的视角，捕捉到了游戏里的鲜艳色彩和精致
细节。《不可思议的帽子》可能是视觉效果最佳的《塞尔达传说》掌机游戏。

《塞尔达传说：幻影沙漏》

发布时间：2007 年

游戏平台：DS

《塞尔达传说：幻影沙漏》对任天堂 DS 触摸屏的巧妙运用，
让我们看到了当《塞尔达传说》系列与为其量身定制的硬件
结合时，所能带来的非凡体验。作为《风之杖》的直接续作，这部游戏的
核心元素依然是航海，玩家可以用触控笔在地图上规划航线和记录重要信
息。加之扣人心弦的故事情节、绚丽的视觉效果和别具一格的谜题，《幻
影沙漏》延续了《塞尔达传说》系列在掌机游戏方面的卓越传统。

29

▶ 首发游戏之列。

在海拉鲁世界诞生之前，电子游戏大多局限于单一场景，里面充满了发出"嘟嘟"和"叽叽"声的精灵图①。玩家的成就和技术水平，通常是通过排行榜上的三个字母来体现的。而且，在《塞尔达传说》出现之前，游戏的故事情节一般只有少量的文字描述，可能只有街机机柜上的一小段说明，或者是游戏菜单上几个拼写不太标准的单词。游戏的规则和故事大多通过直观的画面和一些基本常识来传达，如躲避幽灵、射击长得像螃蟹的侵略者、避免撞上小行星等。

在《森喜刚》这款前所未有的街机游戏大获成功的推动下，任天堂得以资助三个至关重要的项目：FC 游戏机、《超级马力欧兄弟》和《塞尔达传说》，这让一家花札企业跨入了电子娱乐领域，并且迅速成为这个市场的领军者。

《塞尔达传说》与《超级马力欧兄弟》的开发几乎同步启动，所以宫本茂需要将时间分配在他负责监督的两个不同的开发团队上。他对《塞尔达传说》的早期构想是打造一座广阔的"虚拟花园"，一个充满生机的游戏世界（能够不断发展和延伸）。他的设想是，《超级马力欧兄弟》提供即时的、技术独特的游戏体验，而《塞尔达传说》则让玩家自由地展开自己的冒险。

虽然同时进行两个项目在内部很罕见，但《超级马力欧兄弟》和《塞尔达传说》都决定放弃追求快速开始和高分追逐的元素，转而专注于完成游戏本身——在游戏结束后，玩家可以解锁奖励画面，以此作为对他们努力的回报。这种理念在以投币为主要收入来源的游戏世界中很难生存，但宫本茂坚信它在家庭游戏中一定完全可行。

宫本茂在日本京都的园部小镇长大，那里风景如画，是孕育他想象力的完美之地。他热爱艺术，对音乐、建筑及设计等领域有着浓厚的兴趣，这种热爱最终引领他踏上了设计的专业道路，并成为任天堂的设计师。然而，他对探索的着迷，才是他希望通过《塞尔达传说》传递给玩家的精神。

宫本茂设计的地牢，如今已成为《塞尔达传说》系列不可或缺的一部分，其灵感实际上源自他童年在自家房间里玩耍的时光。而海拉鲁那清澈的湖泊和郁郁葱葱的植被，则源自他在探索周边广袤田野时所留下的美好记忆。至于"塞尔达"这一名字则来自美国作家弗朗西斯·斯科特·基·菲茨杰拉德的妻子。宫本茂被她那不受拘束的个性深深吸引，所以选择了她作为同名角色塞尔达公主的灵感来源。

---

①精灵图（英语：Sprite），一种图片整合技术，在游戏中多用来表示可移动的人物或物体。——译者注

在 GameCube 平台上的《四支剑＋》中，4 位好友可以连接各自的 GBA 设备，进行各自的冒险之旅。

《四支剑＋》为《塞尔达传说》系列的战斗引入了独特的策略要素。虽然团队合作很重要，但一旦大家开始为卢比争斗，原本的合作关系很快就崩塌了。

与《森喜刚》和《超级马力欧兄弟》一样，宫本茂在《塞尔达传说》中也塑造了三个核心角色：一个英雄（林克）、一个女主角（塞尔达公主）和一个反派（盖侬）。这次，他也选择了一个不同寻常的英雄（一个精灵般的年轻男孩）来展开这次冒险。林克在目击一位老妇人被攻击后，迅速出手相助，从而卷入了这个故事。他得知这位妇人名为英帕，是海拉鲁公主的随从。之后，他听说了塞尔达公主被邪恶的盖侬俘虏的消息，并意识到盖侬对三角力量和海拉鲁大地的图谋。林克毅然同意去寻找智慧三角的八块碎片，并踏上了前往死亡之山顶峰的冒险之旅，而盖侬就在那里等着他。

在《塞尔达传说》系列的首款游戏中，三角力量被描绘成"三个神奇的三角形"，它们能够为持有者带来强大的力量。在整个系列中，三角力量的神秘背景和起源将持续发展变化。从本质上讲，三角力量是推动故事发展的催化剂，是所有角色渴望得到的宝物，它将故事和角色紧密联系在一起。在海拉鲁，三角力量由三部分组成：力量三角、智慧三角和勇气三角。力量三角被邪恶的盖侬在攻击海拉鲁城堡时偷走，智慧三角则是林克在海拉鲁地牢探险时寻找的目标，而勇气三角则是在《塞尔达传说 2：林克的冒险》中首次亮相。

《塞尔达传说》最初于 1986 年在 FC 磁碟机上发布，这个系统使用的是可重复写入的辅助磁盘驱动器，但它只在日本发售。而在西方，这款游戏以金色的游戏卡带形式出现，卡带里还有内置电池，可以保存游戏进度，所以它成为第一款具有这项功能的游戏卡带。

显然，宫本茂希望《塞尔达传说》是完全双线性的。游戏采用俯视角度，将

消失的林克们

我们来看看一些错失发布机会的《塞尔达传说》系列作品

《塞尔达传说64》

任天堂 64DD 平台

《塞尔达传说 64》原本是任天堂 64DD 的首发游戏，据传是《时光之笛》和《魔力面具》的奇怪结合体。但后来因为开发上的延迟和这个新硬件的不确定性，任天堂决定把游戏放进一个大容量的 N64 游戏卡带里，改名为《塞尔达传说：时光之笛》进行发售。

《塞尔达：外传》

任天堂 64DD 平台

据传是《时光之笛》的早期续作，计划充分利用任天堂 64DD 的先进内存功能。但最终，这款游戏移植到标准的 N64 卡带上，并以《魔力面具》的名字发售了。

《里·塞尔达》

任天堂 64DD 平台

《里·塞尔达》最初计划作为任天堂 64DD 的一个扩展包，故事紧承《时光之笛》的结局，讲述林克追寻三角力量的冒险故事。后来，这个扩展包成为《时光之笛·里》的赠送光盘，与《风之杖》一同发售。

玩家放进一个广阔的世界中，几乎没有任何指引。玩家需要通过探索和思考，自行理解游戏的玩法。实际上在游戏最终发布时，这种设计准则仍然让这位游戏设计大师感到焦虑。

宫本茂在接受《超级任天堂玩家》（*Superplay*）杂志采访时表示："我记得我们当时非常紧张，因为《塞尔达传说》是我们首次推出的逼着玩家思考下一步该做什么的游戏。我们担心玩家会对这个新概念感到无聊和有压力。幸运的是，他们的反应恰恰相反。正是这些元素让这款游戏如此受欢迎，现在，玩家告诉我们《塞尔达传说》的谜题是多么有趣，当他们完成一个任务继续冒险时，他们是多么高兴。这样的反馈让作为制作人的我感到非常幸福！"

事实证明，宫本茂的担心是多余的，《塞尔达传说》和同期开发的作品《超级马力欧兄弟》一样，都取得了巨大的成功。《塞尔达传说》最终卖出了 600 万份，

《塞尔达传说》

Game Boy Color 平台

据说在任天堂总部的保险库里，藏着一款让众多游戏爱好者梦寐以求的珍品，一款由卡普空旗下的 Flagship 工作室开发的、NES 初代《塞尔达传说》的 Game Boy Color 移植版。然而，这些说法可能并不属实，这款游戏很可能未完成开发。

《不可思议的果实》系列与《三角力量》三部曲

Game Boy Color 平台

《不可思议的果实》的《时空之章》和《大地之章》最初计划作为三部曲系列的一部分推出；三部曲分别以力量、勇气和智慧三种神奇的果实命名。结果其中一款游戏未能推出，Flagship 工作室决定将其作为两款游戏发布。

《塞尔达传说 3》

NES 平台

很明显，在 SNES 上的《众神的三角力量》问世前，有传言称任天堂可能正在为 NES 打造一款结合了前两部作品元素的新《塞尔达传说》游戏。人们认为后来的《织梦岛》是基于这个游戏的框架开发的。

为任天堂带来巨大的收益。

　　就像《森喜刚》一样，任天堂在游戏刚开始流行的时候就匆忙推出了大量续作。一年后，《塞尔达传说 2：林克的冒险》问世。尽管宫本茂负责监督游戏的开发，实际创作却交由一个新的开发团队承担。他们把游戏视角从俯视改成横版，并巧妙地融入了一些《马力欧》式的平台元素，而这一改动并未得到原有粉丝群体的青睐。但游戏的结构基本上与第一部相似。玩家仍然需要找到"若干物品"（九颗水晶）来打开"某处"（大宫殿），从中获得"具有实现愿望能力的某物"（勇气三角），这样的安排在系列中的每一款游戏中几乎都有体现。

　　《林克的冒险》还引入了一些角色扮演类游戏的重要元素，但这些元素在后续作品中并未得到延续。例如，林克可以通过获得经验值来提升攻击力和体力，还可以通过获得魔法值来施展法术。此外，游戏还引入了村庄场景，林克可以

关于《塞尔达传说》的许多传说

《塞尔达传说》1986 年

邪恶的猪脸盖侬入侵海拉鲁王国并绑架了塞尔达公主。在攻城时，他偷走了最重要的力量三角。但后来他发现，机灵的塞尔达公主设法打碎了她的智慧三角，并将其碎片散落在海拉鲁各个地牢里。当林克得知这个消息后，他发誓要收集这些碎片，并把它们组合起来，拯救公主。

《塞尔达传说 2: 林克的冒险》1987 年

借鉴了《睡美人》的情节，讲述了林克为唤醒被邪恶巫师施加强力睡眠咒的塞尔达公主，踏上冒险之旅的故事。邪恶的巫师躲在大宫殿废墟中，用魔法封锁了大门。为了打破这个封印，林克需要在海拉鲁大陆搜集散落的魔法水晶碎片。他还要打败自己的分身，才能恢复海拉鲁王国的和平。

《塞尔达传说: 众神的三角力量》1991 年

由于邪恶巫师阿古尼姆的诡计，盖侬从黑暗中重返。这一次，他带了一把长柄叉。阿古尼姆还篡夺了海拉鲁国王的王位，绑架了塞尔达公主，并打开了通往黄金大陆的传送门，邪恶的力量大举涌入，曾经祥和的海拉鲁王国一片混乱。现在，拯救海拉鲁的重任落在了林克的肩上。

《塞尔达传说：时光之笛》1998 年

在《时光之笛》中，盖侬又一次回归，并且又开始耍他那一套狂妄的老把戏。所以，林克的使命是要把他永久地放逐到黑暗世界（当然，这个状态只会维持到下一款《塞尔达传说》系列游戏发布前）。为了达成这个目标，林克需要七位贤者的力量。为此，他必须在少年和成年两种形态之间进行时间旅行，而他在一个时代做出的改变将对另一个时代产生影响，引发连锁反应。

《塞尔达传说：魔力面具》2000 年

林克在寻找他的精灵伙伴娜薇的过程中，意外地穿越到了一个名叫塔米尼亚的异世界（一个奇怪版本的海拉鲁）。但他很快发现，这个世界正面临着一场灾难：一个表情古怪的月亮将在三天后把这片土地夷为平地。林克必须在 72 小时内找到那个传说中的魔力面具，拯救这个世界和这里的居民。

《塞尔达传说：风之杖》2002 年

在这个海洋冒险故事中，林克肩负着拯救被掳走的妹妹的使命。四周海水环绕，林克借助风之杖的力量——它赋予林克改变风向的能力，跨越广阔的蔚蓝海洋，前往各个岛屿，找出掳走妹妹的幕后黑手。

《塞尔达传说：黄昏公主》2006 年

林克和他的朋友们在旅途中遭到一群怪物的袭击。林克醒来后，发现他的同伴们已被绑走。他怀着愤怒的心情踏上了营救同伴之旅。当他来到黄昏领域，却变成一只狼，被囚禁了起来。虽然他很快逃脱了，但得知邪恶的巫师藏特正计划将海拉鲁世界与黄昏领域融为一体，这会给所有人带来灾难，唯独藏特自己能够幸免。

▶ 与闲逛的村民交流并获取信息。这些设定都为后续的许多游戏奠定了基础。

1990 年，任天堂的新游戏机 SNES 迅速占领市场。任天堂在早期与卡普空的一次关键合作中，成功地将《街头霸王 2》和《快打旋风》这两款游戏带到了 SNES 平台，再加上《超级马力欧兄弟》的惊艳亮相，让所有人都期待林克在电子游戏中四年的空白期能够结束。任天堂不负众望，于 1991 年推出了《众神的三角力量》，并获得了广泛好评，被许多粉丝视为《塞尔达传说》系列中最具开创性的作品。

宫本茂和手家卓志共同打造了最初的两款《塞尔达传说》游戏。然而，在开发《众神的三角力量》时，宫本茂邀请了富有写作才华的制作人田边贤辅参与编剧。林克在 SNES 上的首次亮相，不仅恢复了首款游戏中广受欢迎的俯视角度，视觉效果和控制方式也经过了精心的调整。林克现在能够斜向移动，穿上飞马靴后可以奔跑，剑的攻击范围也有所增加。游戏中最成功的可能是对道具的巧妙运用，例如全新的钩爪，林克可以用它来击晕敌人并跨越大裂缝；功能升级的弓箭；还有魔法镜，林克可以借助它在光明世界和黑暗世界间穿梭。光明世界是色彩斑斓、充满活力的海拉鲁，黑暗世界则遍布着骷髅、沼泽，以及那些看起来就让人不寒而栗的树木。这款游戏包含丰富的支线任务、情节和细节。

《众神的三角力量》是该系列的一个新起点。游戏中的三位主角——林克、塞尔达和盖侬不再是之前游戏中我们所熟悉的角色。这款游戏的背景设定在系列

> **66** **《塞尔达传说 2：林克的冒险》还引入了一些角色扮演类游戏的重要元素，但这些元素在后续作品中并未得到延续。** **99**

这些系列的主要内容除了谜题以外，还有奇怪的大眼雕像。

首款游戏的数百年前，正如游戏包装盒背面所描述的那样，我们的主角是初代林克和塞尔达的祖先，而这种时间上的处理已成为整个系列主题之一。任天堂在早期的《塞尔达传说》系列中，似乎偏爱这种在一个特定时代背景下的游戏，随后再推出一个具有特色的续作。《塞尔达传说 2：林

» 林克最爱的风乐器。这虽然是《时光之笛》中的重要物品，但它其实是在《织梦岛》中首次亮相的。

《风之杖》的艺术风格比其他《塞尔达传说》系列游戏更能经得起时间的考验。

克的冒险》《织梦岛》《魔力面具》《幻影沙漏》都是这种模式的产物。而在每个系列的第三款游戏中，都会有一个独特的时代设定，而玩家通常扮演的是林克的精神传承者，《众神的三角力量》《时光之笛》《风之杖》都再次证实了这一点。这也解释了为什么有时会感觉任天堂在重新编一个故事，以及为什么在某些续作中，角色交流起来像是第一次见面一样。

对许多粉丝来说，《众神的三角力量》是这个系列无法被超越的巅峰之作。尽管这款游戏极受欢迎，但在 SNES 的整个生命周期中，西方市场上只发布了一款《塞尔达传说》游戏。然而，任天堂利用这款游戏在东方市场的热度，在其 Satellaview 系统上推出了两款以《塞尔达传说》为主题的游戏。Satellaview 系统是任天堂与万代合作开发的，是专为 SNES 设计的一种独特的卫星调制解调器。其中的第一款游戏《BS 塞尔达传说》，是原版 NES 游戏的重制版，分为四章，可供下载，但其中包含一些微妙的改动。例如，更为丰富的游戏图形和音乐、游戏玩法的某些元素的微调（比如实时游戏机制和林克卢比钱包容量的增加）。由于修改了地牢、物品和大世界的大小比例，这款游戏常被称为"第三次探险"。

为了提升 Satellaview 的知名度，任天堂选择用两个吉祥物——一个戴棒球帽的男孩和一个红头发的女孩，来取代林克，成为游戏的主角。1997 年，任天堂发布了游戏的续作《BS 塞尔达传说：神圣石板》，同样分为四个部分，每周可下载一部分。《神圣石板》因与《众神的三角力量》相似的视觉风格和游戏体验，被认为是后者的一个支线任务。游戏保留了 Satellaview 的两个吉祥物，并设定了让玩家寻找八块神圣石板和击败复活的盖侬的任务。也许 ▶

黑暗之力、猪怪与法贝热彩蛋

盘点林克的那些老对手们

黑暗林克

《林克的冒险》《时光之笛》《时空之章》《四支剑＋》《黄昏公主》中均有登场的反派角色。

黑暗林克，又名影子林克，是一位神秘而不详的反派角色，在《林克的冒险》中作为最终反派首次登场。多年来，这个角色以多种形态反复出现。他本质上是林克的邪恶版本，周身黑暗，眼中闪烁着红色的光。关于黑暗林克的起源，我们知之甚少，根据他在《时光之笛》中的表现，我们可以推测他可能拥有某种共生的能力。所以，如果以蜘蛛侠为例，我们可以假设黑暗林克是外星生物。

盖侬

《塞尔达传说》、《林克的冒险》、《众神的三角力量》、《时光之笛》、《不可思议的果实》系列、《风之杖》、《四支剑＋》、《黄昏公主》、《众神的三角力量2》、《旷野之息》中均有登场的反派角色。

盖侬是林克首个且出现次数最多的对手。在《塞尔达传说》的结尾，他以巨型猪的形象首次登场，直到《时光之笛》中才展示了他的人形形态：盖侬多夫·德拉戈米尔。盖侬多夫是格鲁德盗贼团中唯一的男性成员，所以他成为"盗贼之王"，带领着格鲁德族占领海拉鲁。然而，没有月亮珍珠的保护，他被黑暗领域转变成一个强大的恶魔，外形似猪，并开始对海拉鲁展开复仇。

古夫

《不可思议的帽子》《四支剑》《四支剑＋》中均有登场的反派角色。

古夫是《四支剑》系列中反复出现的反派角色，像盖侬一样，以多种不同的形态出现。他最初是小人族（一种类似精灵的生物，也被称为皮克罗），后来背叛了他的主人艾泽罗，偷走了艾泽罗的魔法帽，并将自己变成了一名巫师。在《四支剑》系列中，他展现出多种形态：原始的小人族形态、巫师形态及三种不同的恶魔形态。他的恶魔形态看起来像一个带有一堆恶魔眼睛的法贝热彩蛋，非常可怕。

▶ Satellaview 游戏最有趣的地方在于其类似互动电视节目的播出形式，玩家只能在特定时间参与游戏。这样，任天堂就能够在玩家玩游戏时向他们广播提示和技巧，帮助他们完成任务。除了 Satellaview，任天堂一直打算为 SNES 开发一个 CD 附件。由于索尼开发了 SNES 的声音芯片（SPC700），并在 CD 技术方面有经验和基础，任天堂自然而然就寻求索尼合作开发这个项目。然而，据说索尼决心自己打入电子游戏市场，并在与任天堂签订早期合同时看到了理想的机会。根据合同，索尼将获得开发一款基于 CD 的游戏机的权利，该游戏机不仅能运行计划中的 SNES-CD 游戏，还能向后兼容 SNES 卡带。当任天堂最终意识到这一点时，决定尝试与索尼断绝关系，转而与索尼的竞争对手飞利浦达成协议。

在一场棘手的官司后，任天堂成功找到了解除合同的方法。最终，任天堂决定放弃为 SNES 推出 CD 附件的想法，将旗下两个 IP 授权给飞利浦，用于其 CD-I 平台的游戏开发。马力欧和路易吉出现在解谜游戏《马力欧酒店》中，而林克则在三款互动电影风格的游戏中登场：《林克：恶魔面庞》、《伽美隆之杖》（这两款 1993 年同时发行）和《塞尔达历险记》（一年后发行）。前两款游戏（《恶魔面庞》和《伽美隆之杖》）是横向卷轴动作游戏，与《塞尔达传说 2：林克的冒险》的风格相同，但加入了一些过时的卡通场景。至于《塞尔达历险记》，它采用了原始的俯视角度，但游戏中计算机生成的预渲染图像质量并不高，角色的表现也令人绝望。鉴于《塞尔达传说》系列一贯的品质标准，飞利浦推出的这些游戏果然受到了游戏界媒体和系列粉丝的猛烈抨击。而如今，它们成为经典游戏系列中的另类存在。

宫本茂在一次谈到《塞尔达传说：时光之笛》的制作时表示："与其把它看作是在制作一款游戏，不如想象你在培育一座名为海拉鲁的微型花园。"讽刺的是，这款热门游戏的很多粉丝并不觉得《时光之笛》是在精心打造海拉鲁的世界，反而更像是在精心培养林克。《魔力面具》发布于 1998 年，采用了经过大幅改进的《超级马力欧 64》引擎，标志着系列从 2D 到 3D 的跨越，同时也记录了林克更长的成长历程。随着冒险的推进，我们会看到他从一个八九岁的男孩成长为一个成年人。然而，宫本茂的意图很明显。游戏有着令人惊叹的技术，例如绘制距离、实时光源和广阔的环境，你可以轻松地骑着林克的坐骑伊波娜在其中探索；同时还有几乎完美的镜头和控制系统，这令海拉鲁世界得到了前所

66 《风之杖》充满了幽默感，并借鉴了掌机《塞尔达传说》游戏的许多元素。**99**

未有的丰富呈现。

《时光之笛》的续作《魔力面具》（2000年）为系列引入了许多新元素，最初在1999年被命名为《塞尔达：外传》。这是任天堂首次在正统游戏系列中真正脱离了其"角色三角力量"设定（之前第一款这样做的游戏是 Game Boy 上的《织梦岛》）。《魔力面具》没出现任何盖侬的实体形态（虽然有提到他的名字），而且相比系列中其他流行的作品，塞尔达的出场时间也比较短。《魔力面具》最初是《时光之笛》的续作（如果游戏按原计划在任天堂64DD上发布的话），它大幅修改了《塞尔达传说》游戏的结构，并对系列中熟悉的海利亚

《塞尔达传说》系列 A 到 Z 大全

A 代表《众神的三角力量》（A Link To The Past）
林克在 SNES 上影响深远的一次冒险，深受粉丝喜爱。

B 代表《风鱼之歌》（Ballad Of The Wind Fish）
在《织梦岛》里，林克为唤醒风之鱼必须演奏的歌曲。

C 代表林克的十字弓训练（Link's Crossbow Training）
这是《黄昏公主》独特的一款衍生游戏，一款光枪射击游戏，与 Wii Zapper 捆绑销售。

D 代表死亡之山（Death Mountain）
林克和塞尔达的邪恶宿敌盖侬所在地。

E 代表伊波娜（Epona）
林克忠诚的坐骑，多次出现在林克的冒险故事中。

F 代表《四支剑》三部曲（Four Swords Trilogy）
三款《塞尔达传说》的衍生游戏，包括《众神的三角力量与四支剑》《四支剑+》《不

可思议的帽子》——都是由《四支剑》串联而成的。

G 代表盖侬（Ganon）
系列中的大反派，最初是格鲁德族的阴谋家盖侬多夫，后来化身为邪恶的猪形态的盖侬。

H 代表海拉鲁（Hyrule）
大多数《塞尔达传说》游戏发生的虚构大地。

I 代表英帕（Impa）
英帕是塞尔达公主的守护人，也是林克在初代《塞尔达传说》中拯救的老妇人。

J 代表流利果（Jabber Nut）
为听懂小人族语言，林克必须吃的坚果。

K 代表科霍林（Koholint）
《织梦岛》的设定，这是《塞尔达传说》系列首次将故事背景设定在海拉鲁王国以外的地方。

L 代表林克（Link）
坚定、勇敢、充满活力，一身绿衣，尖

设定进行了改动。因此，许多粉丝认为它是系列中最突兀的游戏。《魔力面具》的图像风格基本上是在《时光之笛》的基础上进行改良，并直接沿用了其中的许多元素。这两款任天堂 64 游戏最大的区别在于，《魔力面具》中的林克不会变老（尽管游戏里有一个能让他变老的面具）。游戏的背景设定在塔米尼亚大陆（稍微复杂版的海拉鲁），这个大陆将在三天后被一个不祥的月亮摧毁。林克的任务是阻止这场灾难的发生。由于游戏的时间限制为三天，一旦时间到，他就必须回到第一天重新开始，直到他完成任务为止。奇怪的是，尽管时间旅行和重生是《塞尔达传说》系列的常见设定，但仍有一些玩家对《魔力面具》的限制性时间旅行

耳林克是海拉鲁的救世主。

M 代表大师之剑（Master Sword）
一把紫柄的英雄之剑，多次出现在林克的冒险中。

N 代表娜薇（Navi）
《时光之笛》冒险中全程陪伴林克的角色。

O 代表时之笛（Ocarina）
外形像笛子的乐器，在 Game Boy 的《织梦岛》中首次出现。

P 代表皮克罗（Picori）
又称小人族，类似于精灵的生物，是《不可思议的帽子》里林克的好帮手。

Q 代表哥马女王（Queen Gohma）
巨型的哥马蜘蛛，在德库树的头目战里出现。

R 代表卢比（Rupees）
《塞尔达传说》中的货币，林克可以通过击杀敌人和割草来获得。

S 代表着 Satellaview
相当于 SNES 的 Xbox Live[1] 或 PlayStation Network[2]，仅在日本发行。这个平台有两款基于《塞尔达传说》的游戏。

T 代表三角神力（Triforce）
这是将《塞尔达传说》系列的角色和事件联系在一起的神圣三角遗物。

U 代表乌尔波扎（Urbosa）
格鲁德族的英雄，控制着神兽瓦·娜波力斯。

V 代表古夫（Vaati）
《四支剑》系列的反派角色，与盖侬类似，有两种形态：人类巫师和恐怖形态。

W 代表《风之杖》
《风之杖》是 GameCube 上的第一款《塞尔达传说》游戏，标志着该系列在视觉风格上的一次重大转变。

X 代表 X 型宝石（X-Shaped-Jewel）
开启霍拉多姆的塔姆遗迹所需的古代遗物之一。

Y 代表耀西（Yoshi）
《织梦岛》中的人气毛绒玩具，是林克必须赢得的玩具。

Z 代表《塞尔达：外传》（Zelda: Gaiden）
《魔力面具》最初开发时暂定的名字。

①② 游戏厂商为其游戏机提供的免费网络服务。——译者注

设定和压抑的氛围感到不适应。然而，也有许多玩家认为它是整个系列中最有创意和气氛的游戏之一。

如果说有些粉丝难以适应《魔力面具》的风格，那么接下来的这款《塞尔达传说》游戏很可能会让一些粉丝感到生气。2000 年，任天堂在以"塞尔达传说：太空世界"为主题的演示中，展示了林克与盖侬的一场剑术对决，给很多人留下了深刻的印象。演示中的成年林克肌肉线条分明，这样的图像风格让许多粉丝相信他们将迎来一款更黑暗的《塞尔达传说》冒险游戏。然而，他们最终得到的游戏却与演示视频完全不同。《风之杖》采用了卡通渲染的画面风格，视觉风格发生了翻天覆地的变化，这让期待一款史诗般成熟的《塞尔达传说》游戏的粉丝们感到不满。然而，讽刺的是，游戏最大的改变可能在于它放弃了一些《塞尔达传说》系列特有的玩法。《风之杖》没有采用时间旅行的设定，而是把风和海洋作为解谜和探索的元素。地图也不再局限于单一的大陆，而是多个由数英里（英美制长度单位，1 英里合 1.6093 公里）长的海域连接的小岛，林克需要驾驶帆船在岛屿之间航行探索。但《风之杖》充满了幽默感，并借鉴了掌机《塞尔达传说》游戏的许多元素，更加注重角色塑造，对新玩家更友好。其丰富而简洁的卡通风格图像更好地捕捉了角色的面部表情，超越了以往的任何一款《塞尔达传说》游戏，并且在引发玩家情感共鸣、与林克建立真实联系，以及巧妙地给予提示以帮助玩家解决谜题方面作了很大的努力。或许是为了缓和视觉风格改变给粉丝们带来的冲击，任天堂在游戏发售时附赠了一张包含原版《时光之笛》和《时光之笛·里》的光盘，后者是 N64 版游戏的加强版，原本计划在任天堂 64DD 上发布。

或许是因为外观朴素，接下来在 GameCube 上发布的《塞尔达传说：四支剑 +》并没有引起太大的轰动。这款由任天堂开发的游戏汲取了 GBA 游戏《众神的三角力量与四支剑》的视觉风格和多人游戏元素（详见"掌上林克"），并为系列带来了全新的小队战斗机制。《四支剑 +》是《塞尔达传说》系列《四支剑》三部曲的第二部作品，夹在两款 GBA 游戏之间，显得有些奇特。在这款游戏中，你可以通过连接线与三位有 GBA 的朋友一起，控制四个不同颜色的林克角色，将他们排成各种阵型，协作解决以颜色和团队合作为主题的谜题。它独特的战斗模式进一步突出了多人游戏的乐趣。在这个模式中，四位玩家可以各自选择一个林克角色，然后展开一场生死决斗。

接下来在任天堂的热门系列中亮相的是引人入胜的《黄昏公主》，这款游戏因横跨 GameCube 和 Wii 两大主机平台而备受瞩目。经过一年的延期，《黄昏公主》成为 GameCube 的完美谢幕之作，遗憾的是，它在 Wii 上的初次亮相却显得平淡且尴尬。对于《风之杖》，任天堂的目标是制作一款任何人都能通关的《塞尔达传说》游戏，然而这却引来了很多粉丝的抱怨，因为他们觉得游戏过于简单。因此，任天堂在制作《黄昏公主》时，参考了《时光之笛》的风格和方向。基于大幅改进的《风之杖》引擎，《黄昏公主》与 GameCube 上的兄弟作品相比，呈现出截然不同的面貌。如今回顾起来，它实际上是融合了后期《塞尔达传说》游戏中各种创意和主题的集大成之作。它显然采用了《时光之笛》中的视觉元素、《魔力面具》的黑暗基调，以及《风之杖》的宏大规模和玩法改进——尤其是在电影化外观和面部表情的运用上。

每当林克用风之杖击中目标时，游戏会播放一段音效，给冒险增添了一种打斗的刺激感。

因为许多玩家抱怨《风之杖》的卡通风格，所以《黄昏公主》又恢复了黑暗、模糊的视觉风格。

在游戏开发过程中，任天堂决定调整游戏的图像风格。早期游戏截图展示了林克身处一个灰暗且色彩饱和度低的世界，这让粉丝们更加确信《黄昏公主》将是该系列更黑暗的一款游戏。然而，游戏最终呈现的却是朦胧且色调温暖宁静的画风，但原本的黑暗方向没有改变。此外，这款游戏有比《时光之笛》更多的地牢和道具，这是任天堂特地为硬核《塞尔达传说》粉丝设计的，用来考验他们真正的实力。尽管 Wii 版本基本上是 GameCube 版本的增强移植版，但游戏在实际操作时会有一些细微的差异，游戏世界是镜像的。在游戏中，林克一直是个左撇子。如果你仔细观察整个系列，你会发现无论林克面朝哪个方向，他都是左手拿剑。然而，由于《黄昏公主》引入了 Wii 遥控器控制，任天堂意识到许多玩家是右撇子，因此在 Wii 版本中，他们调整了林克的动作以适应玩家的习惯，同时游戏世界也进行了相应的处理。

除了随 Wii Zapper 一同附赠的小游戏《林克的十字弓训练》外，林克在接下来的几年里都没有重返 Wii 平台。这款小游戏也只是为了展示 Wii Zapper 这款外设。与此同时，《风之杖》和《不可思议的帽子》中卡通风格的林克则继续在任天堂 DS 上冒险，他在该平台的第一部系列作品是《幻影沙漏》。作为《风之杖》的续作，《幻影沙漏》保留了许多《风之杖》中的航海元素。在林克和他的海盗

伙伴泰特拉偶然发现一艘幽灵船后，泰特拉神秘失踪。为了拯救泰特拉并解开幽灵船之谜，林克踏上了新的冒险旅程。该作最大的变化是引入了触摸屏控制方式，玩家可以用触控笔指挥林克和战斗。尽管部分玩家对于本作取消了传统方向键和按钮感到不满，但《幻影沙漏》仍获得了极高的评价，销量超过 410 万份。

» 《林克的十字弓训练》是一款附赠的游戏，用来展示 Wii Zapper 的功能。

鉴于《塞尔达传说》系列在任天堂 DS 平台上的巨大成功，2009 年推出的《大地的汽笛》也自然而然地回归了这一平台。游戏继续将触控笔作为主要的交互方式。这一次，林克不再扬帆远航，而是变身为一名火车司机，在铁轨上穿梭，同时他也是一位技艺精湛的剑士，肩负着揭开王国中幽灵轨道消失之谜的重任。虽然这种设定在以奇幻为主旋律、通常不太涉及科技元素的《塞尔达传说》系列中显得有些与众不同，但这正是游戏总监岩本大贵有意尝试的新方向。这款游戏最终也获得了成功，销量达到了 260 万份，但仍未能超越前作的热度。

虽然林克的下一款游戏并非新作，但引起了巨大的轰动，因为它是一款经典游戏的重制版，而且许多人认为其原作是整个系列中的巅峰之作。《塞尔达传说：时光之笛 3D》在 3DS 上对 N64 的《时光之笛》进行了全面的视觉改造，旨在利用新掌上硬件带来的纵深感。这款游戏不仅广受赞誉，还在销量上大获成功，销售超过 100 万份。然而，《塞尔达传说》系列的下一步发展更加令人期待，因为它即将回归家用主机平台。

2011 年，Wii 平台迎来了《御天之剑》，而此时 Wii 生命周期已接近尾声。尽管《御天之剑》的氛围不像《黄昏公主》那样阴暗，但也并未回归《风之杖》那种过于卡通的风格。它的氛围更类似于《时光之笛》，只是色彩更为丰富。游戏的故事发生在《塞尔达传说》系列时间线的最前端，林克和塞尔达被设定为青梅竹马。当塞尔达被绑架并带到地表时，林克卷入了邪恶的基拉希姆企图解救恶魔之王终焉者的阴谋中。为了拯救塞尔达和整个世界，林克必须挺身而出，阻止这一切的发生。

为了进一步增强 Wii 控制器的动作感应能力，《御天之剑》引入了 Wii MotionPlus 配件。这种更精确的追踪技术在战斗中尤为重要，玩家可以通过 Wii 控制器操控剑，同时利用 Wii Nunchuk 来控制盾。同样，玩家需要将遥控器向后拉来把箭射出，好像在进行真正的射箭动作一样；而投掷炸弹时，炸弹会像保龄球一样滚向目标。部分玩家和评论者对这种新的控制方式持保留态度，同时也有部分认为其他游戏开发团队正在逐渐赶上 3D《塞尔达传说》系列的游戏玩法，但绝大多数的评论者对这款游戏还是给予了高度肯定，游戏销量也轻松突破了百万大关。

虽然 Wii 在 2012 年底被 Wii U 取代，但《塞尔达传说》系列并没有立即推出新作。为了填补这一空白，任天堂推出了 GameCube 上经典游戏的高清重制版，比如 2013 年的《风之杖 HD》和 2016 年的《黄昏公主 HD》。在新作的开发上，3DS 平台成为焦点，这些新作同样从系列的历史作品中汲取灵感。2013 年发布的《众神的三角力量 2》是《众神的三角力量》的续作。在游戏中，出现了来自平行世界洛拉鲁的居民。为了修复他们因自己世界的三角力量毁灭而衰败的王国，他们企图偷走海拉鲁的三角力量，而林克的任务就是阻止他们。本作引入了一个有趣的新机制，林克可以变成壁画融入墙壁，从而通过原本无法通过的间隙。这款游戏广受好评，销量突破了 420 万份。

接下来发布的游戏是《魔力面具 3D》，它是另一款类似于之前《时光之笛 3D》的 3DS 重制版。这款游戏在 2015 年售出超过 330 万份，轻松成为当年《塞尔达传说》系列中最引人注目的作品。相比之下，同年的另一款 3DS 游戏则是该系列一次罕见的失误之作。《三角力量英雄》注重多人合作，类似于之前的《四支剑》系列，玩家可以选择单人游戏，也可以通过本地无线或在线方式进行多人游戏。然而，由于需要照顾没有朋友的玩家，游戏的多人合作模式发展受限。结果就是，几乎没有关卡设计能够对一支配合默契的团队构成真正的考验。此外，游戏的许多设计都沿用了之前《塞尔达传说》系列的元素，缺乏创新。同样，Wii U 上的衍生游戏《塞尔达无双》基本上就是换了张皮的《真·三国无双》，但它很受欢迎，甚至有几款续作。

最近的大作并未陷入缺乏创新的窘境。虽然《旷野之息》最初是为 Wii U 开发的，并且在 2014 年作为 Wii U 游戏亮相，但由于大多数玩家选择了新设备任天堂 Switch 来体验这款游戏，它也因此带着这款全新的硬件设备走向了辉煌。游戏于 2017 年发布，对整个系列进行了一次颠覆性的革新。它将系列的经典游戏机制融入一个深受《刺客信条》等游戏影响的开放世界设计中。在这款游戏中，当林克被盖侬重创后，塞尔达

» 《塞尔达无双》其实非常有趣，而且，塞尔达在行动中更加活跃。

将他封印了起来。当林克从漫长的沉睡中苏醒，却发现世界已化为一片废墟。为了终结盖侬对海拉鲁王国的统治，林克需要击败被盖侬腐化的神兽，解放王国勇者们的灵魂，最后亲自与盖侬展开决战。《旷野之息》不仅广受赞誉，还是《塞尔达传说》系列中最畅销的作品。万众期待的续作《王国之泪》于2023年推出。

那么，是什么让《塞尔达传说》系列如此受欢迎呢？为什么每个新篇章都会引起如此热烈的期待？为什么人们会对每一张游戏截图进行细致入微的分析，对

进化的《塞尔达传说》

1 攀爬是探索这个全新开放世界的重要一环，但林克需要有足够的体力才能成功登顶。

2 如果你看到敌人有致命武器，可以在击败他们后把武器抢过来，不过武器可能没法用太久。

3 这些物品可以被捡起并用于制作新物品，例如烹饪美食来恢复生命值。

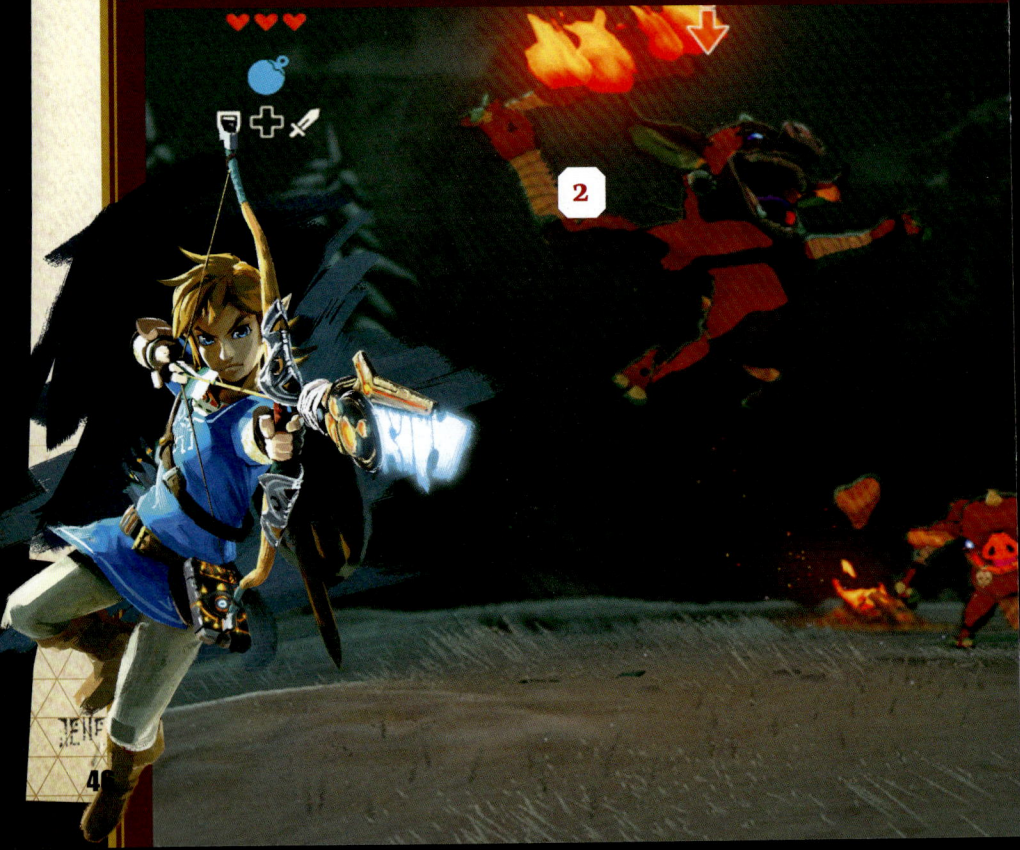

每一个与《塞尔达传说》相关的传闻进行深入研究，并且比迄今为止的其他任何电子游戏系列都更加期待它的下一部？宫本茂对此进行了完美的总结。他在 2003 年告诉《超级任天堂玩家》杂志："我想很多人都有一个英雄梦。对我来说，让玩家能够与林克一同成长，建立起玩家和屏幕上角色之间的深厚联系，始终是非常重要的。我一直在努力创造一种让玩家感觉自己真的踏入了海拉鲁的体验。如果缺少这种感觉，游戏的魅力就会大打折扣。"

《塞尔达传说：旷野之息》为系列在新时代的发展带来了全新的面貌 我们来看看它是如何实现的

4 海拉鲁的地图前所未有的广阔，玩家需要攀上高塔才能看到地图上新的重要地点。

5 林克的服装可以更换，更换服装不仅能提升他的防御力，还能抵御恶劣天气。

6 如果环境过热或过冷，林克就会受到伤害，但使用合适的道具可以减轻这种伤害。

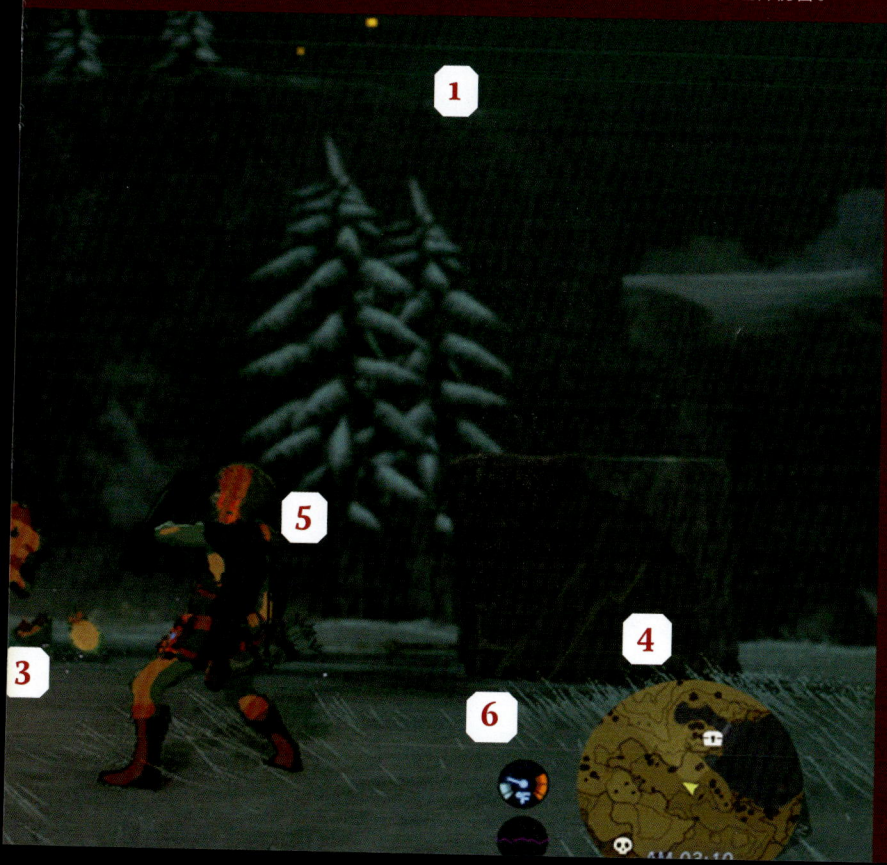

47

海拉鲁历史

你知道吗？这些游戏其实是有官方时间线的。这篇指南将帮助你理清《塞尔达传说》系列多灾多难的正史

德鲁·斯利普（Drew Sleep）

任天堂最初并没有为《塞尔达传说》系列制定一个完整的故事背景。起初，由于具有相似的故事情节和设计，这些游戏给人的感觉就像是在讲述同一故事的不同版本。毕竟，这是一个传说，而在现实生活中，传说往往会随着时间的推移而改变。

几十年来，《塞尔达传说》系列的粉丝们一直在争论该系列是否存在一个官方的时间线。然而，在 2011 年，任天堂终于公布了关于该系列正史的官方解释。这个解释可能有点复杂，而且考虑到现代多元宇宙的流行趋势，你可以说它有点超前。

在这篇指南里，我们将为你呈现海拉鲁世界中各个事件的发生顺序。◢

林克胜利

《时光之笛》1998 年

盖侬多夫来到海拉鲁，扬言要统治这个世界。为了终结这个邪恶统治者的统治，林克在现在和未来的时间线之间来回穿梭。当剧情来到高潮，时间线分出三个不同的未来：一个是林克没能战胜盖侬多夫，另外两个则是他取得了胜利，在其中一条时间线中，林克回到了原本的时代；而在另一条里，他留在海拉鲁，重返年轻时代。

《御天之剑》2011 年

讲述了大师之剑与女神海利亚的守护者——林克的起源，以及塞尔达的觉醒。塞尔达逐渐明白自己是海利亚女神的凡间转世，并且这个命运已经传承了好几代。最终，海拉鲁王国建立了。

《不可思议的帽子》2004 年

《御天之剑》故事发生的多年后，邪恶法师古夫密谋在海拉鲁释放邪恶力量。故事中的小人族，也称皮克罗，是一群微小的生物，它们赋予了林克驾驭四支剑的力量，帮助他对抗古夫。

《四支剑》2002 年

古夫逃脱了监禁并绑架了塞尔达。为救塞尔达，林克再次拔出四支剑，但这一举动让他分裂成了四个个体。在击败古夫后，林克将四支剑放回了它原本的安息之地，而他也与其他三个个体重新合而为一。

女神与英雄的传说

林克失败 →

《风之杖》2002 年

盖侬回来了，但这里不存在能打败他的林克，所以众神淹没了海拉鲁大陆，将盖侬封印其中。历经数代人的更迭，新的林克和塞尔达意识到了自己的命运，并且发现了沉没的海拉鲁。

《幻影沙漏》2007 年

为寻找新大陆，林克和泰特拉（塞尔达的替身）扬帆远航。在旅途中，他们发现了一艘幽灵船，而泰特拉被这艘船掳走了。为救回泰特拉和对抗新的敌人贝拉姆，林克踏上了新的冒险之旅。

《大地的汽笛》2009 年

林克和泰特拉建立了一个新的海拉鲁，这里到处都是火车。许多代之后，新的林克和塞尔达开始调查幽灵轨道消失的原因。为击败名叫玛拉多斯的远古恶魔，两人一起在这片大陆展开冒险。

《魔力面具》2000 年

在《时光之笛》的故事发生后，林克开始寻找他失踪的精灵伙伴娜薇。在路上，他遇到了骷髅小子并被骷髅小子送到了塔米尼亚。阻止了骷髅小子的末日计划后，林克继续踏上寻找娜薇的旅程。

《黄昏公主》2006 年

封印在黄昏领域的盖侬迫使黄昏公主米多娜逃往海拉鲁。在那里，米多娜遇到了一个牧场工人，他是林克的后代。两人一同踏上了拯救黄昏领域、终结盖侬阴谋的冒险之旅。

《四支剑 +》2004 年

盖侬战败多年以后，海拉鲁王国与格鲁德族达成了和平协议。然而，盖侬多夫的化身却释放了邪恶的古夫。为了与其对抗，林克拔出了四支剑，再次分裂成了四个人。他们四人齐心协力，最终击败了古夫，并将盖侬再次封印在了四支剑中。

成年时间线

童年时间线

新纪元

大灾难

《旷野之息》2017 年

在其他故事发生千年之后，海拉鲁因新科技而兴旺发达。然而，灾厄盖侬苏醒了，他将海拉鲁变成了一片废墟。被封印 100 年的林克苏醒后，发现自己身处一片废墟中。他与塞尔达联手，共同战胜了魔兽盖侬，并发誓要让这片土地重现昔日的繁荣。

《王国之泪》2023 年

林克和塞尔达在海拉鲁城堡的地下废墟探险时，发现了一具古老的遗骸，一只发光的手将其固定在了那里。随后，海拉鲁城堡升向了天空，而林克也就此踏上了一段全新的云端之旅。

《众神的三角力量》1991 年

七位贤者将盖侬和完整的三角力量封印在黑暗世界。多年后，黑暗巫师阿古尼姆篡夺了海拉鲁国王的王位，释放了盖侬。塞尔达呼唤沉睡的林克来拯救海拉鲁。最终，盖侬被打败了，三角力量也得以复原。

《织梦岛》1993 年

林克踏上了一段自我提升的旅程，却在途中遭遇海难，漂流到了科霍林岛。为了离开这座岛屿，林克收集了一系列乐器，唤醒风之鱼。当林克醒来，发现自己紧紧抓着浮木时，他的冒险之旅就此结束。

《时空之章》与《大地之章》2001 年

双子妖婆和她的手下正在密谋通过收集魔法火焰和献祭人类来复活盖侬。为阻止这场灾难并从死神手中拯救塞尔达公主，林克踏上了前往两片未知土地的旅程。

《众神的三角力量 2》2013 年

巫师尤画将七位贤者困在画作中。原来，尤画是希尔达（塞尔达的黑暗分身）派来拯救她的世界洛拉鲁的，但这位黑暗巫师另有图谋。林克和塞尔达最终把海拉鲁和洛拉鲁两个世界恢复原样。

《三角力量英雄》2015 年

林克离开海拉鲁，来到了时尚之地海图比亚。在那里，他遇到了芙丽露公主。邪恶的女巫时尚女士对芙丽露公主施加了诅咒，让她穿着棕色的紧身衣。林克与几个跟自己长得很像的勇者联手，帮助公主恢复时尚品位。

《塞尔达传说》1986 年

复活后的盖侬率领队入侵海拉鲁，偷走了力量三角。塞尔达将智慧三角分成了八块，而林克则肩负起重组智慧三角的使命，最终在死亡之山打败盖侬。

《塞尔达传说 2：林克的冒险》1987 年

林克留在了海拉鲁。在盖侬被击败的六年后，勇气三角力量觉醒。林克踏上了寻找力量三角并唤醒中了沉睡魔咒（与前作设定不同）的塞尔达公主的旅程。塞尔达最终醒来，海拉鲁也蓬勃发展。

骷髅战士

塞尔达传说

任天堂的杰作《塞尔达传说》已经风靡全球近40年。初代《塞尔达传说》不仅在游戏史上具有重要地位，至今依然是一款出色的游戏

阿什利 · 戴（Ashley Day）

林克

老人

　　真是不得不佩服宫本茂和他的任天堂团队。他们不仅创造了《超级马力欧兄弟》这款堪称史上最出色、最具影响力的游戏，而且在仅仅一年之后，又在另一个完全不同的游戏类型里再现了这个奇迹，这份成就实在让人觉得不可思议。

　　事实上，《超级马力欧兄弟》和《塞尔达传说》之间相隔甚至不到一年的时间。两款游戏在日本的发行日期只差了五个月，然而后者在游戏设计上相对于前者来说却是一个巨大的飞跃。《超级马力欧兄弟》的设计简单而精妙，它将玩家放在单线旅程的起点，玩家只

来客来客

» 游戏刚开始的时候特别难，那一丁点的生命值根本不够用！

蝙蝠

52

匹哈特

黑暗武士

没人会告诉你该去哪里，所以你需要自己去寻找游戏中的地牢并通关。

幸运的是，如果你在地牢里不幸丧命，你会被送到地牢的入口处，而不是大世界的入口。

多东哥

需操控小水管工向右移动。相比之下，《塞尔达传说》则提供了一个充满各种可能性的世界。

　　游戏一开始，你身处辽阔的海拉鲁大陆中心，操控着名为林克的精灵般的少年。他的面前有三个可能的出口，然后……什么都没有，没有说明，没有对话，没有提示。只有冒险的承诺和探索未知的邀请。你应该走哪条路？这完全由你决定，而这也正是游戏的全部意义所在。当然，游戏的最终目标是收集散落在各地的八块智慧三角碎片，击败邪恶的统治者盖侬，拯救塞尔达公主。然而，也正是这种自由探索的方式，让《塞尔达传说》如此引人入胜。

　　众所周知，宫本茂创作《塞尔达传说》的灵感源于他童年时在日本乡村无地图探索的回忆，以及发现未知之地的乐趣。制作《塞尔达传说》的目标就是捕捉这种童真般的对未知的好奇，那种当周围一切都如此新鲜和不寻常时，世界所激发的奇妙感觉。而

佐尔

利巴

莫力布林

这个项目也恰巧与任天堂 FC 磁碟机的开发不谋而合，这个 FC 游戏机的外设避开了 ROM 芯片日益高涨的成本，使得开发者能够制作比以往更强大的游戏。

速成达人

■《塞尔达传说》是该系列中最非线性的冒险游戏，即使与《旷野之息》相比也是如此。玩家可以按照自己喜欢的任意顺序挑战地牢，甚至在没拿到剑的情况下也能通关游戏。

■这是第一款销量超过 100 万份的 NES 游戏，总销量达 650 万份。

■林克是一个与众不同的英雄，在初代游戏及整个系列的正统作品中，他都是左撇子。也许是巧合，"links" 这个词在德语中是"左"的意思。

■通关《塞尔达传说》后，玩家可以尝试不同的地牢布局和道具位置来挑战"第二任务"。如果玩家想直接挑战"第二任务"，可以在开始时输入"塞尔达"作为自己的名字。

塞尔达公主的名字来源于小说家弗朗西斯·斯科特·基·菲茨杰拉德的妻子塞尔达·菲茨杰拉德。

■当《塞尔达传说》进入美国和欧洲市场时，它从磁盘移植到了卡带上，并成为首款使用电池存储数据的主机游戏。

FC 磁碟机的可重写介质也使得游戏进度能够永久保存，而无须烦琐的密码，这一关键技术优势使得任天堂能够进一步将其主机游戏与街机游戏区分开来。1986 年，投币式街机游戏仍然是电子游戏的主流，它们侧重于快节奏的挑战、循环往复的游戏玩法，以及追求高分的刺激体验。但任天堂希望自己的游戏与众不同，希望玩家能够持续玩很长一段时间，像阅读一本好书一样，回归并享受不断演变的游戏体验；或是像一次旅行，而不是一遍又一遍重复相同的关卡。

当然，近 40 年后的现代电子游戏也是如此。然而，《塞尔达传说》却是最早一批真正提供这种深度且长线游戏体验的作品之一，并且的确做得非常出色。很多早期的电子游戏都因开创某个先河而受到赞誉，但《塞尔达传说》包揽了一切，以独特的风格定义了现代冒险游戏的规则。在近 40 年后的今天，它依然乐趣不减，与续作一同闪耀至今，而任天堂的竞争对手还在后面苦苦追赶。

《塞尔达传说》之所以吸引人，不仅仅是因为它所呈现的海拉鲁开放世

绳蟒

精灵

阿默斯

界，更在于林克随着游戏进程不断拥有丰富的物品和技能。这些新获得的物品和技能为玩家打开了通往海拉鲁世界的全新路径，让每一次进步都伴随着连绵不绝的惊喜和新发现，直至游戏的结局。游戏中大世界的自由度和地牢的紧凑结构形成了鲜明的对比。林克获得的每种武器都有多种明显的用途，迫使玩家在游戏方式上进行实验和创新。当然，游戏中还充满了各种秘密，这些秘密不仅给予玩家奖励，还鼓励他们深入挖掘、努力探索、发现隐藏的宝藏，这让他们感觉自己是世界上最厉害的玩家。这个设计非常有特色，让玩家在发现这些秘密时感觉自己很特别，并享受到自己独有的体验，哪怕实际上每个人都能找得到这些秘密。

» 在大世界里，有些区域到处都是莫力布林，要小心他们的长矛！

　　《塞尔达传说》系列历经近 40 年的发展，影响力日益扩大。很多人都有自己最喜欢的入门作，而这并不一定是初代《塞尔达传说》。无论是《众神的三角力量》《织梦岛》《时光之笛》，还是《旷野之息》，都可以称得上是"最好的《塞尔达传说》游戏"。但初代《塞尔达传说》有一种纯粹的魅力，这使得它与后续作品区分开来。从《塞尔达传说 2：林克的冒险》开始，系列开始发生变化。虽然保留了大世界、一系列地牢及越来越多的技能等核心要素，但也在这个过程中失去了一些东西。随着系列越来越注重讲述故事，你可能会觉得这种做法反而对游戏的展开有所限制。开场中那些冗长且非必要的对话和教程，不仅拖慢了节奏，还可

邮
电

塞尔达

拜阿

能让玩家与主角林克之间的联系变得疏远，而不是更加紧密。

《塞尔达传说》真正的精彩之处在于，它敢把你直接放进游戏世界里，让你在没有实质指引的情况下自由探索、解开其中的谜团。它不只是简单地讲述一个故事，而是让你亲身经历冒险，游戏的走向由你的决策和行动来决定。这种设计非常独特，它会奖励那些乐于深挖的玩家，这也是《塞尔达传说》系列在未来的发展中应该好好培养的特质。▲

道具

初代《塞尔达传说》的一些道具贯穿整个系列，但也有一些道具再也没在其他作品中露面……

诱饵
从商店买来的肉，用来喂那些挡住去路的哥利亚。

炸弹
炸弹不仅可以炸伤任意敌人，也可以炸开隐藏入口。

回旋镖
回旋镖有两种用途，一种是用于攻击敌人，另一种是用于获取远处的物品。

魔法杖
它就是一根魔杖！它能用你的魔法能量发射光束。

药水
药水有两种：蓝色药水和红色药水。蓝色药水能恢复部分生命值，而红色药水则能恢复全部生命值。

木筏
林克可以用它来穿越海拉鲁的水域。他可以在任意码头上下木筏。

长袍魔法师

玻石虫

> 这位龙形头目很好对付，只需在它脚下放几个炸弹，三角力量碎片就是你的囊中之物了。

弓

弓是击败盖侬的唯一武器，至少在你获得银箭之后是这样的。

蜡烛

它不仅可以照亮你的路，还能烧毁一些灌木，揭开一些秘密。

梯子

梯子能帮你跨过河流的某些区域，走捷径，也是探索某些地牢的必备道具。

戒指

和其他魔法道具一样，有两种颜色。每一种都会增强林克的攻击力。

盾牌

木盾只能抵挡普通的攻击，而魔法盾可以挡住火球。

剑

总共有三种剑：木剑、白剑和魔法剑，魔法剑最强大，白剑次之，木剑最弱。

魔法书

可选性道具。能用来升级你的魔杖，可以让它发射火球，这样就不需要蜡烛了。

口哨

一次性道具，但对于击败第五个地牢的头目狄格多格尔来说是必需的。

大耳波斯

利巴

值得纪念的时刻

任天堂有史以来最好的NES游戏里最精彩的篇章

标志性旋律

标志性的《塞尔达传说》主题曲缓缓响起，伴随着瀑布倾泻而下，占据整个标题画面，音乐的节奏逐渐加快。这是近藤浩治的又一经典之作，也正是它让近藤浩治得以参与《塞尔达传说》系列的每一款游戏，一直到《时光之笛》为止。

获得三角力量

林克找到了他的第一块三角力量碎片，并把它举过头顶，如今这个姿势已成为林克的标志性动作。智慧三角和力量三角在初代游戏中就已经出现，而勇气三角会在接下来的作品中登场。

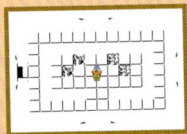

猪形头目

在最终对决中，盖侬露出了他的真实面目——一个奇形怪状的恶魔猪，远比《时光之笛》中的人形形象恐怖得多。近期作品倾向于赋予他骇人的第二形态。

非常好的建议

在寥寥无几的对白中，最令人难忘的一段。虽然没有剑，你也能完成整个游戏，但老人的建议是没错的，有了剑，你的冒险会更加顺利，而且没有剑的《塞尔达传说》游戏还能算是《塞尔达传说》游戏吗？后续你还能找到更强大的武器。

支线剧情

在部分地牢场景中，游戏视角会切换为横版视角，这一设计贯穿《塞尔达传说2：林克的冒险》的所有地牢，并在 Game Boy 平台的《织梦岛》的某些片段中再度出现。

大声呼喊

在日版《塞尔达传说》中，你可以通过向 FC 游戏机的麦克风喊叫来对大耳波斯造成伤害，而在西方的 NES 版本上，这行不通。因此，对于日本玩家来说，这是游戏中令人难忘的一幕；而西方玩家在游戏中并未体验到这个设定。

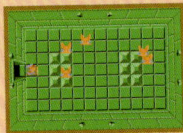

阿夸曼特斯

隐藏出口

发掘秘密是《塞尔达传说》系列最大的乐趣之一，也是游戏创作灵感的重要来源。这里就隐藏着游戏中最早的一个秘密。这里有一扇没有钥匙孔的门，你只要把一个看似不起眼的方块往左推，门就会打开。

精灵教母

当你找到一处隐蔽池塘时，一只精灵会突然出现，挥洒出一片心来恢复林克的生命值。这是《塞尔达传说》系列中反复出现的一个经典设定，精灵的能力与用途也随着游戏的发展而不断拓展。

难以下咽

击败多东哥的方法是让它吞下炸弹，炸弹在他体内爆炸时会引发剧烈的消化不良。类似的头目——多东哥王也可以通过这样的方式被击败，这一幕成了《时光之笛》的标志性场景。

隐藏楼梯

另一个绝妙的秘密。触碰雕像后，它会苏醒并攻击你。有些雕像位于通往秘密地下室的楼梯旁，它们会怂恿玩家与之战斗，并期待着能有所收获。

进食时间

这只哥利亚可不是在呻吟，这声音其实是他的肚子在咕咕叫。喂他一些肉，他便会放你通行。这是《塞尔达传说》中首次打破敌人只是作为剑下亡魂的设定，但绝非最后一次。

盖侬

《塞尔达传说》的许多版本

初代《塞尔达传说》的版本可能比你想象的要多得多，我们来看看它们之间的区别

帕特拉

基尼

原型（约 1985 年）

2010 年底，人们才发现最初的 FC 磁碟机上《塞尔达传说》的原型版本。这个版本和正式发布的版本相比，在很多方面都有不同，最明显的是游戏难度降低了很多，因为卢比的分布点更多，敌人的分布也作了细微的调整。

LEVEL-8

» 图中英文意思：等级、生命。

FC 磁碟机（1986 年）

《塞尔达传说》的第一个正式版叫作《海拉鲁幻想：塞尔达传说》，它是 FC 磁碟机的首发游戏。这个版本利用了 FC 磁碟机的额外功能，能播放一些在 NES 卡带版中听不到的声音。FC 游戏机第二个控制器上的麦克风有一个隐藏功能：玩家只需对着麦克风吹气，就能打败对声音特别敏感的大耳波斯。然而，这项功能在西方发行的标准 NES 游戏机上是无法使用的。

THE HYRULE FANTASY
ゼルダの伝説™
FMC-ZEL

Nintendo®

《塞尔达传说: Charumera 特别版》
（1986 年）

为了推广品牌 Myojo 的 Charumera 方便面，一款 FC 磁碟机的特别版游戏应运而生。它采用独特的标签设计，被 FC 游戏机收藏家视为稀有珍品，在日本的复古商店中以高价出售。

NES 主机（1987 年）

《塞尔达传说》在美国和欧洲发行的版本不仅提供了英文翻译，还首次以卡带形式推出。虽然 FC 磁碟机是为了降低 ROM 成本而设计的，但它从未在日本以外的地方发行。因此，任天堂采用了新型的 MMC1（内存管理控制器）芯片。这种芯片通过存储体切换技术扩大游戏容量，从而使《塞尔达传说》得以在全球范围内发行。任天堂也把握住了这次商机，推出了一款特别的金色卡带版本，并在包装上开了一个窗口，让每个人都能亲眼看到，非常有品位。

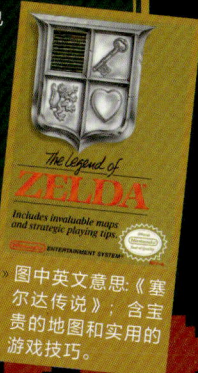

» 图中英文意思:《塞尔达传说》；含宝贵的地图和实用的游戏技巧。

商店老板

FC 游戏机卡带（1994 年）

《塞尔达传说》最终于 1994 年在日本以卡带形式发行，比磁盘版晚了 8 年，比 FC 游戏机主机的发布晚了整整 11 年。除了名称改为《塞尔达传说 1》外（因为到 1994 年时，第二、第三甚至第四部《塞尔达传说》都已经发行），游戏内容基本保持不变。

《BS 塞尔达传说》

（1995 年）

《BS 塞尔达传说》是初代《塞尔达传说》的 16 位重制版，并在 1995 年 8 月到 1997 年 1 月之间，通过日版超级任天堂的 Satellaview 进行了直播。游戏不仅在图像质量上有显著提升，还利用 Satellaview 的 SoundLink 技术，为玩家带来直播任务中的实时旁白解说。

» 图中英文意思：等级、生命、时间。

古彼得

《BS 塞尔达传说地图 2》

（1996 年）

这款游戏基本上和原版《塞尔达传说》相同，但它是基于原版的"第二任务"来设计的。这个版本的游戏更难理解，并且只在 1996 年 3 月播放过一次。

» 图中英文意思：生命、塞尔达时间。

《动物森友会》

（2001 年）

无论是任天堂 64 还是 GameCube 平台上，玩家都能在他们《动物森友会》的虚拟家中玩到一些 NES 游戏，《塞尔达传说》也是其中之一。然而奇怪的是，它隐藏在代码中，只有用作弊设备才能玩上。

» 图中英文意思：NES 林克；这是失踪的林克吗？不，这是 NES 原版《塞尔达传说》中的林克。

哥马

Game Boy Color 重制版

（2000 年，已取消）

1999 年，卡普空的冈本吉起和任天堂签订了一项协议，计划为 Game Boy Color 开发六款全新的《塞尔达传说》游戏。卡普空旗下 Flagship 工作室花了一年时间进行重制工作，却遇到不少问题。首先，Game Boy Color 的显示分辨率与 NES 的差别太大，导致游戏画面需要重新绘制来适应更窄的屏幕；其次，开发团队还打算对游戏进行平衡性调整，降低难度。到了 2000 年，由于 Flagship 工作室战略调整，这个重制项目最终搁置。应宫本茂的要求，Flagship 工作室随后开始了三角力量系列三款游戏的开发工作，这三部作品分别命名为《不可思议的果实·智慧之章》、《不可思议的果实·力量之章》和《不可思议的果实·勇气之章》。然而，这个构想因过于宏大而不得不简化为两款最终面市的游戏：《时空之章》和《大地之章》。特别是《大地之章》，它直接继承了《不可思议的果实·力量之章》的设计理念，并且从重制项目中汲取了灵感，如今，你仍能在《大地之章》中找到它与《塞尔达传说》的相似之处。

《塞尔达传说合辑》（2003 年）

一张用于宣传的 GameCube 光碟，并未正式对外发售，而是作为赠品发放给任天堂的用户，目的是推广即将上市的《风之杖》。盘中收录了《塞尔达传说 2：林克的冒险》《时光之笛》《魔力面具》等经典作品的模拟版，还有原版《塞尔达传说》的全新翻译版，这个版本不仅修正了 NES 版中一些本地化问题，还将 "Gannon" 改为更符合官方设定的 "Ganon"。

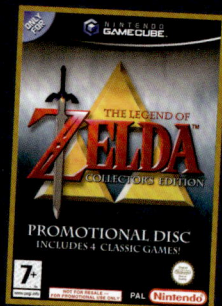

《NES 经典：塞尔达传说》（2004 年）

2004 年，任天堂发布了一系列 Game Boy Advance 游戏，名为 FC 迷你游戏系列。这些游戏将经典的 FC 游戏机游戏重制到了黄色的卡带上，并包装在小巧可爱的盒子里。可惜当这个系列来到欧洲和美国时，为唤起人们对 NES 的怀旧之情，经过重新设计后，不再有可爱的盒子。不过，我们还是得到了一些很棒的 NES 游戏。这个版本的游戏为了适应 GBA 的宽屏进行了重新排版，并且使用了和 GameCube 重制版一样的新翻译。

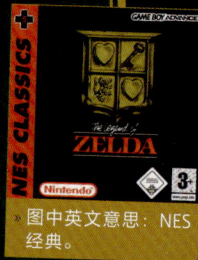

» 图中英文意思：NES 经典。

任天堂虚拟主机版（2006 年）

《塞尔达传说》是首批在 Wii 的虚拟游戏平台发布的任天堂大作之一。遗憾的是，欧洲发行的版本却以每秒 50 帧的帧率运行，这是因为任天堂荒谬地想让每个地区的玩家都能体验到自己记忆中的那个版本，尽管这个版本已经采用了 2003 年的最新翻译。

» 图中英文意思：欢迎来到 Wii 商店频道；重要信息：Wii 商店频道现已开放；开始购物。

塞尔达传说：代表作演示（2008 年）

任天堂的全明星大乱斗游戏《超级马力欧银河》中有一个特别的"宝库"部分，用来展示游戏中可玩角色的历史。宝库中包含了一些经典游戏的限时试玩版，让玩家能亲身体验这些角色的历史。由于《超级马力欧银河》中有五个《塞尔达传说》中的角色，其中三个是不同版本的林克，所以《塞尔达传说》自然也出现在了游戏光盘中。

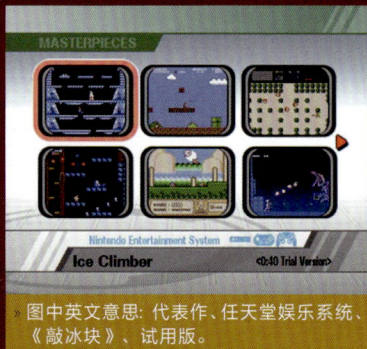

» 图中英文意思：代表作、任天堂娱乐系统、《敲冰块》、试用版。

经典版（2012 年）

在 2010 年的电子娱乐展览会上，任天堂 3DS 亮相，带来了一系列技术演示，展示了一些经典游戏的 3D 重绘版本，并展现出 3DS 的立体显示技术，而《塞尔达传说》也在展示列表中。虽然经过了一段时间的等待，但《塞尔达传说》最终在 2012 年 12 月登陆了任天堂 3DS。在任天堂 Switch 的在线服务中，玩家也能够体验到包括《塞尔达传说》在内的几款 NES 经典游戏。如果要在 3DS 和 Switch 之间二选一，我们更倾向于推荐 Switch，因为它拥有现代化的平台模拟技术。

» 图中英文意思：新、任天堂 3DS、新款任天堂 3DS 游戏上架、搜索。

塞尔达传说 2：林克的冒险

来看看这部敢于与众不同却又被误解的续作吧

亚历克斯·戴尔（Alex Dale）与德鲁·斯利普（Drew Sleep）

　　快速问答：在《旷野之息》出现之前，哪款《塞尔达传说》游戏拥有最大的探索世界？是《黄昏公主》、《风之杖》还是《时光之笛》？不，都不对。可能没什么人知道（而且会令人相当惊讶），但答案其实是 NES 平台上的《塞尔达传说 2：林克的冒险》。

　　虽然这些年来技术进步了，但在 2017 年的《旷野之息》之前，没有其他《塞尔达传说》系列游戏能创造出像《塞尔达传说 2：林克的冒险》中那种规模的世界。这个版本的海拉鲁横跨五个岛屿，包含了从山脉到沙漠、从洞穴到森林、从水下宫殿到蜿蜒的岩石迷宫等各种景观。它们都存在于一片辽阔的大陆上，相比之下，《时光之笛》的大世界就像是个盆栽花园。但如果真是这样，为什么《塞尔达传说 2：林克的冒险》经常被视为《塞尔达传说》系列中的异类呢？

　　这并不是因为《塞尔达传说 2：林克的冒险》不好，实际上它非常出色。简单来说，这款续作与其他任何《塞尔达传说》游戏都截然不同，甚至未来可能都不会再有这样的作品。这可能会让许多《塞尔达传说》的粉丝在有机会领略到这史诗般

和前作一样，林克的任务是在这个世界里寻找可以掠夺的地牢。

在探索大世界的过程中，敌人会粗鲁地挑衅你，然后你就会进入这样的战斗画面。

的 8 位像素海拉鲁的独特魅力之前就对它敬而远之了。

这款游戏与其他《塞尔达传说》系列游戏最显著的区别是视角的转变。虽然游戏的大世界再次采用俯视角度，但这主要是为了让林克在地图上的各个重要地点之间移动，这点与 Square 公司早期的游戏《最终幻想》非常相似。这些重要地点包括迷宫、洞穴和城镇，林克可以在这些地方与当地人交流，获取推进游戏的提示和技巧。当他来到这些区域时，游戏会切换到一个非常不像《塞尔达传说》的横版视角，让人感觉好像来到了《超级马力欧兄弟》的平台游戏。当然，其他《塞尔达传说》游戏中也有横版视角的元素，最出名的是《织梦岛》，但都没有像这部这么突出。虽然《塞尔达传说 2：林克的冒险》仍然是一款角色扮演类游戏（例如，林克可以通过积累经验值来升级），但它看起来和玩起来更像是一款动作游戏。新视角能够实现更加复杂的剑术战斗，这在传统的俯视角度《塞尔达传说》游戏中是不可能实现的。比如说，骑士可以格挡林克的突刺，所以你得在站立和蹲下攻击之间快速切换；蝙蝠会猛扑向林克毫无防备的绿色帽子，你得赶紧蹲下并迅速反击；敌人会疯狂地投掷炮弹，你得左右闪避或低头躲避才能生存下来。这种幅度的动作在传统的俯视角度下是没法实现的。

当然，这一切都是有意为之。在为《塞尔达传说》准备续

作计划时，宫本茂希望它能与原作有所区别，甚至为此组建了一个新的团队来开发这部续作。杉山直和山村康久担任总监，而手家卓志则负责编写故事和脚本。

从这个角度来看，任天堂情报开发本部所做的重大改变在当时看来是合理的，而且游戏也受到了粉丝们的热烈欢迎，全球销量惊人，达 430 万份。然而从《塞尔达传说 2：林克的冒险》的角度来看，它真是有点不走运。任天堂在开发 SNES 上的续作《众神的三角力量》时，决定回到最初的俯视角度风格，而不是沿用这款续作的宏大设计。这个选择大获成功，从此，《塞尔达传说》系列就几乎没再回到横版视角了。

这让《塞尔达传说 2：林克的冒险》看起来与时代有些脱节。一些玩家甚至认为它是一个怪胎或者弃儿，不管它可能有怎样的优点，都不配被视为《塞尔达传说》系列正统的一部分。这种批评极其不公，因为《塞尔达传说 2：林克的冒险》留下了一笔遗产，这份遗产至今仍然影响着整个系列。正是在这部作品中，林克第一次获得了学习新招式的能力，也是在这里，这位尖耳朵英雄第一次接触到了魔法。

然而，有些变化则更为微妙。这部续作在《塞尔达传说》系列中首次引入了一条现在被认为是神圣不可改变的规则：玩家找到的钥匙只能在相应的地牢中使用。这一调整让玩家无法再通过大量囤积钥匙来轻松闯过更为困难的地牢。它还为该系列带来了更宏大的目标：居住在村庄中的 NPC 可以向林克提供信息、设施或能力。这些贡献对《塞尔达传说》设计来说虽小但极其重要，仅凭这一点就足以让这部非正统作品继续流传下去。▲

》《塞尔达传说 2：林克的冒险》中的宫殿危险重重，其设计灵感来源于古希腊建筑。

这里的林克和初代《塞尔达传说》中的林克是同一个，塞尔达公主却不是，让人摸不着头脑。

《塞尔达传说 2：林克的冒险》举世无双

第一个续作给这个系列带来了什么

错误

《塞尔达传说 2：林克的冒险》最有名的角色之一。与他对话时，他会说："我是错误！"这个奇怪的对话在后来的版本中也保留了下来。

治愈女士

在任何一个村庄，你只要和这位热心的女管家聊天，她就会邀请你进屋。过了一会儿，当你走到屋外时，你会发现自己的生命值已经完全恢复了。

林克玩偶

《塞尔达传说 2：林克的冒险》是《塞尔达传说》系列中唯一一款拥有传统生命值系统的游戏。林克可以通过寻找这些可爱的玩偶来获得额外的生命值。

林克

我们的绿兜帽英雄和他在 NES 上的第一个化身有些不同，这作中的他要更高一些，可能更聪明一些，而且我们只能看到他的侧面。

卡洛克

游戏的第四个头目，据说和在游戏开始就让塞尔达公主进入深度睡眠的魔术师有关系。

木筏

游戏中有几种道具，比如长笛和锤子，可以用来开拓大世界中的新区域。木筏则可以让你轻松穿越水域。

THE LEGEND OF ZELDA

A LINK TO THE PAST

塞尔达传说：众神的三角力量

为新一代玩家重振一个系列是一件难事，对于《塞尔达传说》这样的作品来说更是如此。手冢卓志与田边贤辅分享了他们为这款SNES经典动作类角色扮演游戏倾注的心血和努力

尼克·索普（Nick Thorpe）

回顾《塞尔达传说》系列的历史，你会发现它在任天堂的战略规划中扮演着有趣的角色。如果一款《塞尔达传说》游戏能与新游戏机同步推出，通常是因为它在上一代主机平台上经历了严重的延期。尽管如此，在任天堂筹备新一代游戏机的过

程中，《塞尔达传说》永远是一个不可忽视的重点，而且往往是新游戏机早期规划中重要的考虑因素。虽然我们第一次看到《塞尔达传说：风之杖》是在 GameCube 开售之前，但这款游戏是在主机发布一年多后上市的。《塞尔达传说：时光之笛》的演示版早在 1995 年的任天堂初心会展会上就已经亮相，但游戏直到 1998 年才发售。然而，这一惯例其实始于《塞尔达传说：众神的三角力量》，这是一款标志着林克离开 8 位游戏平台的游戏。

在计划推出 16 位 SNES 游戏机时，任天堂确定了两个基本的软件需求：一是推出能展现新硬件性能的新游戏，

林克的装备库

没有合适的工具，英雄是无法完成使命的……

弓箭
■很好的远程武器，虽然弓箭的数量有限。

回旋镖
■它不仅能伤害敌人，还能取回远处的道具。

钩爪
■这件工具可以让林克跨越危险的裂缝，或者抓住坏人。

炸弹
■正如其名，放好就跑！

以太徽章
■释放强力闪电，击飞空中敌人，使其他的敌人眩晕。

地震徽章
■引发剧烈震动，将地面敌人化为乌有或变为黏液。

灯
■用于点燃火把，照亮游戏中众多昏暗的房间。

神奇的铁锤
■这件万能的工具对冰冻的敌人很有效。

索玛利亚之杖
■它能用来即刻创造方块——无论是作为重物还是盾牌都非常实用。

拜恩之杖
■这件强大的道具不仅能保护林克，还能在战斗过程中对敌人造成伤害！

魔法披风
■这件时尚道具能让林克隐身且所向无敌。

魔镜
■一件重要的道具，能让林克在光明世界和黑暗世界之间自由穿梭。

二是为 NES 上的热门游戏推出更多续作。针对第一点，任天堂选择了赛车和飞行游戏，这类游戏在竞争对手的主机上是无法实现的，并于 1990 年 11 月和 12 月推出了《零式赛车》和《飞行俱乐部》。对于第二点，任天堂则选择了立即开发其最受欢迎的 NES 游戏的续作——《超级马力欧兄弟》和《塞尔达传说》系列。

然而，创造一款新的《塞尔达传说》游戏比创造一款新的《超级马力欧兄弟》游戏要更困难一些。因为《超级马力欧兄弟》系列游戏都非常相似，而《塞尔达传说》和《塞尔达传说 2：林克的冒险》的差距却非常大，这让任天堂情报开发本部

72

魔法粉
■可以把敌人变成虚弱状态或者变成有益的生物。

火杖
■用它向敌人发动火焰攻击。

冰杖
■可以用这件重要的魔法武器冻结敌人。

爆炎徽章
■能用火系魔法攻击屏幕上的所有敌人，但会消耗大量魔法值。

笛子
■形似陶笛，可以召唤一只鸟来进行快速旅行。

捕虫网
■你可以用这件工具把蜜蜂或精灵捉进瓶中。

穆多拉之书
■有了这本书，林克就能看懂古海利亚文。常用在魔法场所中。

瓶子
■有用的容器，可以存放药水、精灵，甚至蜜蜂。

飞马靴
■穿上它，林克就能发动迅猛的冲刺攻击。

力量手套
■这可不是无关紧要的 NES 外设，它能让林克举起很重的物体。

脚蹼
■虽然卓拉要价 500 卢比，但它值得，因为它能让你在水里游泳。

月亮珍珠
■没有它，林克在黑暗世界中将无法保持人形。

在构思新作时不得不做出一些关键性的决策。曾担任《塞尔达传说》和《塞尔达传说：众神的三角力量》总监的任天堂资深开发者手冢卓志解释道："在《塞尔达传说 2：林克的冒险》中，我们希望将多种不同招式的剑术战斗加入游戏中，所以决定利用制作《超级马力欧兄弟》游戏的经验，采用横向卷轴视角。我们为 NES 制作了两款《塞尔达传说》游戏，每一款都充分发挥了硬件的性能。而在 SNES 上的下一款《塞尔达传说》游戏制作中，我们能够在游戏中加入更多新玩法。"

根据手冢卓志的说法，游戏最终采用的结构取决于游戏的概念。他解释说："在

林克的缩小

林克的16位冒险之旅的唯一移植版迎来了重大升级……

全球玩家对于 Game Boy Advance 能够带来 SNES 级别游戏体验的前景感到兴奋不已。任天堂为了满足忠实粉丝的期待，开始着手推出一系列这样的游戏，《塞尔达传说：众神的三角力量》就是其中较早推出的一款。虽然游戏的运行分辨率略低，只有 240 像素 ×160 像素（相比 256 像素 ×224 像素），但它的翻译更准确，并且修复了一些小问题。

此外，游戏还新增了一个重要的新模式——《四支剑》的合作模式。这个新模式支持最多四名玩家通过 GBA 的"连接线"联机，扮演不同颜色的林克角色共同进行冒险。完成这个任务后，玩家将解锁一个全新的单人地牢作为奖励。在这个地牢中，玩家需要挑战多个加强版的黑暗世界头目，直至最终面对一位出人意料的对手。

GBA 版的《四支剑》不仅取得了 180 万份的惊人销量，还留下了宝贵的遗产。它不仅催生了专为多人游戏设计的 GameCube 续作《塞尔达传说：四支剑 +》及 3DS 上的《塞尔达传说：三角力量英雄》，还作为限量版的周年纪念作品，重新在任天堂 DSi 和 3DS 掌机平台上推出并提供下载服务。

项目初期，我们尝试了能否将多世界结构融入游戏中。我们的计划是让中心世界的事件影响其他相互重叠的世界。我们认为，将游戏设定为两个世界是最好的选择，无论对开发者还是玩家来说都是如此。要展现光明与黑暗的交织及它们之间的变化，最佳的方式是沿用初代《塞尔达传说》的斜俯视角度。"

你很少能看到一家公司放弃对续作做出重大改动，事实证明，这次的决定是明智的。且不说随着时间的推移，《塞尔达传说 2：林克的冒险》已经被认为是系列中较为逊色的作品，任天堂在回归原来的俯视角度时，发现仍有许多方面可以进行调整和改进，甚至在一些非常基础的方面都进行了彻底的改革。例如林克在游戏环境中的行动方式——他不仅能向上下左右四个基本方向移动，还第一次实现了斜向移动。林克挥剑的动作也不再是单调的直刺，而是采用了更为逼真的弧形挥舞。

在 1992 年《Fami 通》杂志对宫本茂的采访中，他提到这些新功能的组合实际上催生了另一个新功能。在增加了斜向移动机制后，任天堂情报开发

《众神的三角力量》中令人难忘的雨天开场画面，只有在 SNES 的强大性能支持下才能实现。

本部顺理成章地想到林克也应该能够进行斜向攻击。实际上，这一改动却让操作手感变差了。所以，尽管林克能在八个方向上移动，但其攻击方向又一次被限定为四个。不过，团队并未因此沮丧，他们找到了一种方法来实现多方向攻击——通过长按攻击键来发动旋转攻击。这个巧妙的解决方案在后来的《塞尔达传说》系列游戏中得到了广泛应用，并成为该系列的重要元素。

林克获得大师之剑的那一刻，是《塞尔达传说》系列中非常重要的经典场景。

> ❝ 宫本茂坚持让林克一直带着剑。❞
>
> ——手冢卓志

手冢卓志提到，他们还考虑了其他关于武器和道具使用方式的改动。他解释说："在开发初期，我们希望玩家可以自由选择携带的武器，而不是只局限于剑和盾。我们还想过武器组合使用的概念，例如把弓箭设置在 A 键上，炸弹设置在 B 键上，这样一来，当玩家同时按下这两个键时，林克就能射出一支绑着炸弹的箭。"这样的设计本可以彻底革新《塞尔达传说》的战斗机制，但最终并未实现。不过，这个设计对于系列的粉丝而言应该不陌生。手冢卓志回忆说："《众神的三角力量》最终并未采用这个设定，因为宫本茂坚持让林克一直带着剑。但我们在后续作品《织梦岛》中实现了这一设定。"

SNES 为开发团队带来了全新的机遇。手冢卓志表示："这款硬件让我们能够做到之前做不到的事情。在此之前，我画的像素图只能用四种颜色，所以即便只是将可用颜色增加到 16 种或 256 种，以及能使用高品质的音效，就已经令我非常兴奋。"《众神的三角力量》的编剧田边贤辅指出："任天堂游戏设计师们经常面临一个挑战，那就是如何将硬件特性有效地反映在游戏中，而这在其他游戏中也是如

卑鄙的巫师阿古尼姆已经抓到了塞尔达，他正把她传送到黑暗世界！

75

此。对于大学学习视觉艺术的我来说，能够运用两个动画图层并独立控制其滚动是一个巨大的惊喜。"

田边贤辅所说的技术是指多个背景图层的运用。在 NES 上，只能创建一个背景图层和一个精灵图层。但在 SNES 上，开发者们可以尽情创建多个背景图层。比如在《众神的三角力量》中，一个图层用来呈现关卡的布局，一个图层专门用于展示特效，还有一个图层用来显示固定不动的游戏界面。田边贤辅回忆起特效图层时说道："正是这个特效图层让我们能够在冒险的开头营造出下雨的场景，还有森林里阳光透过树叶洒落的效果，我特别喜欢森林里的阳光效果。也很满意我们能够通过两个动画单元来显示玩家当前所在的层级，这个点子实际上来自技术团队。"

虽然有了新的可能性，但技术问题很少出现。手冢卓志说："我们的游戏设计师对于当时硬件的潜力有着清晰的认知，因此，我相信我们在实际中不会遇到什么意料之外的问题。"不过，手冢卓志还是提起了一个重要的例外情况。他回忆说："话虽如此，但在内存容量上，我们遇到了很大的问题。我还记得，技术团队为优化内存付出了巨大的努力。

在《塞尔达传说：众神的三角力量》面世之前，任天堂所有的第一方 SNES 游戏都只占用了极小的 4MB 的 ROM（只读存储器）容量。但这款新《塞尔达传说》不仅要求 8MB 的存储空间，还几乎超出可用内存的极限。为解决存储问题，开发团队引入了《超级马力欧世界》中的图形压缩技术，将许多图像块的颜色数量从 SNES 通常支持的 16 种压缩到 8 种，节省了空间。将重复数据削减到最低后，游戏成功适应了分配的 ROM 空间。然而，游戏在从日语翻译为其他语言时再次挑战了这个极限。在 1992 年《Fami 通》杂志的一次采访中，宫本茂表示，他们原来计划使用更大容量的卡带来存储翻译后的游戏，并利用剩余空间对西方版本进行一些改进。然而，由于压缩技术的进步，增大容量已是不必要的了。

《超级马力欧世界》和《塞尔达传说》的 16 位版本是同时开始开发的，而在《超级马力欧世界》游戏按照计划的进度在 1990 年 11 月与主机一同发布时，《塞尔达传说》原定在 3 月发布的计划却无法实现。事实上，当急切的日本玩家们第一次尝试新款超级任天堂时，任天堂情报开发本部才刚刚对他们确定的游戏系统有了信心。为了完成游戏的开发，他们的下一步行动是扩充团队，为游戏增加敌人角色、场景等。在一次关于日本官方《超级马力欧世界》指南书的采访中，宫本茂预计游戏将在 1991 年日本传统儿童节（5 月 5 日）完成，并在夏季发布。然而，根据宫本茂在 1992 年《Fami 通》采访中的说法，实现这些最终特性大概需要八个月的时间，这导致游戏的发布时间从夏季推迟到冬季。

《众神的三角力量》的制作周期比预期长，很可能是因为开发团队在游戏剧情上投入了大量的精力。从游戏开始，我们就能明显感觉到这款游戏的故事会有比 NES 版《塞尔达传说》更多的细节，也更戏剧性，而且道具的获取也将与故事的推进紧密结合，这一点在游戏的开篇就表现得淋漓尽致。相比之前的游戏，SNES 版为林克的冒险提供了一个更有条理的开场。手冢卓志表示："《众神的三角力量》开场设定在一个阴沉的雨夜，林克只是一个平凡的村庄少年。他和玩家一样，不知道发生了什么，只是跟着塞尔达公主的声音，去努力拯救她。然而，在这一过程中，他却莫名其妙地成为一名逃犯。我们希望玩家从游戏一开始就能感到紧张刺激的氛围，并期待之后会发生的事情。"这是一个戏剧性的开场，但这么早就找到并救出公主让一些玩家感到惊讶，他们觉得游戏可能会突然结束。手冢卓志坦言："让玩家觉得游戏会就此结束并非我们的本意。"他对林克成为英雄的历程一直有着自己独到的见解。

与之前直接将玩家置于游戏世界任其自由探索不同，《众神的三角力量》采取了全新的方法。手冢卓志表示："我们没有让林克从一开始就是一个持剑的英雄。因为在项目的初期，我们就决定让他在拔出大师之剑的那一刻开始他的英雄之旅。为了确保每位玩家无论其游戏风格如何都能享受到最佳体验，我们对武器和道具的位置及其获取顺序进行了多次调整。"林克在游戏中不是一开始就是真正的英雄，而是在游戏过程中逐渐获取各种道具，然后自然地成长。手冢卓志说："我们认为，随着游戏的深入，玩家们会与林克建立情感联系。等他最终成为英雄时，他能使用各种不同的武器就会是一件很自然的事。"

在《众神的三角力量》中，最令人难忘的武器当属大师之剑，它是《塞尔达传说》系列的神话中经久不衰的重要元素。正如手冢卓志之前所提到的，林克获得这把剑的场景是整个项目中最关键的部分之一。手冢卓志对编剧田边贤辅的想法很是赞赏，他回忆说："在我们开始这个项目时，田边贤辅构思了一个真正令人难忘的英雄觉醒场景：在森林里，阳光透过树叶洒下，这把剑静静地伫立着，等待着那个配得上它的人的到来。当阳光透过树叶洒在剑身上时，林克将它拔了出来。"

手冢卓志说："要拔出大师之剑，你不仅要有守护塞尔达公主的骑士家族的血脉，还要集齐三个纹章。从林克拔出剑的那一刻起，剑就认可了他英雄的身份，并赋予了他力量。"手冢卓志对剧情的精准记忆表现出了制作组对这一部分的高度重视。大师之剑也在早期就被赋予了神话般的重要地位。手冢卓志回忆道："我们当时还决定，大师之剑是唯一能够对抗邪恶的剑，我想，这就是它在系列其他作品中继续占据核心地位的原因。"

然而，大师之剑的场景并不仅仅只有象征意义。手冢卓志指出："正是在这一刻，游戏真正的战斗才拉开序幕。我们的主要目标是用一个与《塞尔达传说》相称的场

由于岩石不断落下，攀登赫拉塔是非常危险的。

在黑暗世界中，士兵们变成了猪的形态，你不会看到其他人类。

> 66 **我们的主要目标是用一个与《塞尔达传说》相称的场景，来展现英雄的诞生。** 99
>
> ——手冢卓志

景，来展现英雄的诞生，同时让玩家在克服重重困难后，体验到被认可为英雄的成就感。"这不只是一个胜利的瞬间，而是游戏最终引入双重世界概念的转折点。手冢卓志说："我们从一开始就决定，让林克先在光明世界成为英雄，并击败第一个头目。从那时起，他就开始与真正的敌人——盖侬，在黑暗世界展开对抗。"

《塞尔达传说：众神的三角力量》于1991 年 11 月 21 日在日本首次发行，随后于 1992 年 4 月 13 日在北美、1992 年 9 月 24 日在欧洲发行。无论你身处何地，这款游戏都被视为经典。它赢得了广泛的赞誉——*Computer & Video Games* 杂志为其打出 89% 的高分，并表示"策略和冒险元素是令人惊喜的加分项，而非让人反感的累赘"。*Mean Machines* 杂志的评论更是给出了 95% 的高分，称其为"目前为止，家用主机上最好的探索冒险游戏"。而 *Super Play Gold* 杂志则以 93% 的评分评论道："你可能都不想关闭这个游戏。" 该游戏在 SNES 上销量高达 461 万份，并最终成功催生了 Game Boy Advance 上的重制版，以及任天堂 3DS 上的续作《塞尔达传说：众神的三角力量 2》。

尽管《众神的三角力量》品质卓越，但它成为玩家们所熟悉的《塞尔达传说》系列的终点，因为该系列即将迎来一次翻天覆地的变化。下一部家用主机续作《塞尔达传说：时光之笛》将引入开放的 3D 空间等元素，彻底改变整个系列。尽管在 Game Boy 平台上，还有诸如《织梦岛》《时空之章》《大地之章》和《不可思议的帽子》等较小的 2D 游戏出现，但再也没有一款 2D《塞尔达传说》

我是错误

游戏界最臭名昭著的秘密之一背后的故事……

在 20 世纪 90 年代初，很难想象有哪个美国孩子会拒绝让自己的名字出现在 NES 游戏中的机会。正因考虑到这一点，《任天堂力量》（*Nintendo Power*）杂志在 1990 年举办了一场竞赛，赢家便能获得这个机会。最终，一位名叫克里斯·霍利汉的小伙子赢得了这场比赛。但最后，他的名字并没有出现在 NES 游戏中，而是出现在了一款 SNES 游戏——《塞尔达传说：众神的三角力量》中。

当然了，这是有条件的。你很可能未能见证这位年轻任天堂粉丝的辉煌时刻，因为克里斯·霍利汉的秘密房间只有在游戏出现错误时才会出现。也就是说，如果游戏无法判定林克接下来的目的地，他就会进入这个满是卢比的房间，出来后就会直接回到自己的家。另外，如果你玩的是非英语版本，克里斯·霍利汉的名字就完全不会出现！

> 图中英文之意思：我是克里斯·霍利汉。这是我的绝密房间，别让其他人知道，好吗？

头目速通

阿默斯骑士

■在战斗中，这六位骑士不论被逼到哪里，都会用整齐的阵列向你发起攻击。面对他们整齐划一的阵形，你一定要用箭拖慢其中一位骑士的步伐，打乱他们的阵形。

拉内摩拉

■这三条钻地虫般的敌人的移动让人难以捉摸。头部是它们的弱点所在，用剑攻击很有效，但如果你需要保持距离，可以尝试箭或冰杖。

莫多姆

■这个讨厌的家伙喜欢把你推下平台，让你掉到下方的地板上，使战斗重新开始。尾巴是它的弱点，在你挥剑攻击它的弱点时，务必全力以赴，避免被击中。

阿古尼姆

■这位绑架了塞尔达的巫师外表看似无害，实则能施展强大的魔法攻击，部分可以用大师之剑反弹，所以准备好回击吧！

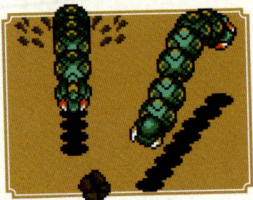

希普鲁普王

■这个脾气火暴的家伙会用他的烈焰吐息"热情"地欢迎每一位英雄。要让他冷静下来，得先用锤子敲碎他的面具，然后持续用剑攻击，直到他倒下。

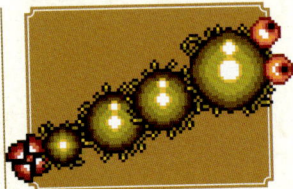

阿格斯

■这个飘来飘去的敌人很难被击中，而且还带着一帮手下。用钩爪将小阿吉拉开，然后在阿格斯掉落地面时用剑对付它。

游戏能像《众神的三角力量》那样获得大预算的待遇。

但不能因此就说《众神的三角力量》没有产生持久的影响，事实远非如此。游戏中的许多元素，如旋转攻击、钩爪和大师之剑，已经成为该系列的标配。而双世界的概念也被频繁地以新方式呈现和运用，如《时光之笛》中幼年林克和成年林克的设定，以及《黄昏公主》中人形林克和狼形林克的设定。作为《塞尔达传说》系

林克在冒险中会遇到许多敌人，这十二个头目无疑是最致命的……

伽莫斯蛾

■伽莫斯蛾不仅在平台上行动飘忽不定，还会在一个地板不断移动的房间中与你对战。如果你很难靠近到足以用剑攻击它的距离，就用火杖从远处对其进行轰炸。

蒙眼盗贼

■这个对光敏感的盗贼会先伪装成一位少女，然后再露出他可怕的原形。对付他没有什么技巧，直接用剑攻击，同时躲避他漂浮的头部和投掷物。

科德斯塔

■在这场头目战中，你会感受到一股冰冷的气息，林克在这里可以轻松滑行。用火焰攻击，融化它的冰盾（爆炎徽章在这里特别有效），然后就可以用剑或火杖消灭它。

维特罗斯

■这堆眼球附着的黏液，不仅让人看了想吐，一旦触碰还会要了你的命！这些小眼球一个个向你扑来时，逐一将它们斩落，最后用弓箭远程射杀那个最大的眼球。

特里内克斯

■这个头目三个头的危险性要高于一个头。先用冰杖让红色的头昏迷，再用火杖让蓝色的头昏迷，然后就可以发起攻击了，最后攻击发光的球体来消灭特里内克斯。

盖侬

■这个最大的反派，是整个邪恶阴谋的策划者。要击败他，首先要确保房间内光线充足，然后用剑攻击，让他昏迷，最后用银箭将他射杀。

列的第三部作品，它和其他主要作品一样，与系列的传承密不可分。

　　总而言之，《塞尔达传说：众神的三角力量》是一款罕见的游戏，不仅在商业和口碑上都取得了巨大的成功，而且经受住了时间的考验，至今仍在吸引着新的粉丝。对于这款游戏的持续成功，制作团队有何感想呢？手冢卓志表示："我们深感荣幸，也非常感激。"但他并没有满足于现状，他说："同时，这也激励着我们去创造超越这一盛誉的新游戏。" ▲

游戏世界

我们来看看在光明世界
成为英雄的林克要去的
一些关键地点……

沙漠宫殿

■这里的力量手套是举起
沉重岩石的关键，在获取第
二个纹章的时候也会用到。

赫拉塔

■位于山顶的这座堡垒守
护着你获得大师之剑所需
的最后一个纹章。你需要
的月亮珍珠也在这里。

迷失森林

■你可以在这里找到大师
之剑，让林克真正觉醒并
成为英雄，但你要先找到
三个纹章。

海拉鲁城堡

■游戏开始时，塞尔达公
主被关的地方，也是你后
面与阿古尼姆战斗的地方。
你还可以在这找到回旋镖。

卡卡利科村

■这里的大多数村民都害
怕林克，有些村民还会让
守卫攻击他。你可以在这
拿到捕虫网。

卓拉族领土

■来这里一定要带一些现金，因为你可以买到一些有用的脚蹼，让林克可以游泳。

东方宫殿

■你可以在这里拿到最重要的弓，以及收集你的第一个纹章，不过要通过战斗获得。

贤者的藏身之处

■那个将带领林克走上英雄之路的人正在这里躲避邪恶势力，并为你保管着飞马靴。

林克的家

■这是冒险的起点，也是你通常重新开始的地方。你也可以在游戏一开始就从这里拿起灯笼。

海利亚湖的秘密山洞

■这个偏僻的山洞里有一件非常有用的道具——冰杖，值得你绕远路尽快去拿。

THE LEGEND OF ZELDA
LINK'S AWAKENING

塞尔达传说：织梦岛

在一块小小的单色屏幕上创造一个史诗般的奇幻冒险从来都不是一件易事，但不出所料，任天堂凭借其勇气、智慧和实力，完美地实现了这一目标。我们来回顾一下《塞尔达传说》系列中最被低估的作品之一

卢克·阿尔比格斯（Luke Albigés）

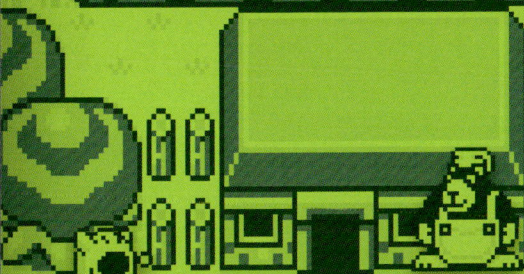

反卡比

厨师熊

» 玛琳很喜欢看你用铲子，原因不明，或许有些人就是这么容易满足吧……（图中英文意思：很好！开挖！）

玛琳

汪汪

如果要说其他游戏能从《织梦岛》中学到什么，那就是故事不一定要夸张到离谱的程度才能引人入胜。在经历了前三部游戏（以及之后更多的冒险）中的各种世界末日危机后，《织梦岛》的情节相对来说更像是一次密室逃脱。我们的英雄林克在船难后发现自己被困在一个陌生的岛上，他要做的只是找到离开的方法。在一只会说话的猫头鹰的指引下，以及一些友善而古怪的岛民的帮助下，林克开始尝试唤醒沉睡的风之鱼，这似乎是他离开科霍林岛的唯一途径。

从游戏机制上看，《织梦岛》就像是前三部《塞尔达传说》游戏中精华元素的合集。这款游戏最初计划作为 SNES 经典游戏《众神的三角力量》的移植版而提出，因此，它们之间有相似之处也就不意外了，但这显然对 Game Boy 版本《织梦

» 横版卷轴关卡的穿插让人回想起《塞尔达传说 2：林克的冒险》，为游戏增添了平台跳跃特色。

阿默斯骑士

佐尔

» 《双峰镇》是当时公众热议的电视剧，因此制作团队从中汲取灵感，打造了一群性格迥异的角色。

食人鱼

猫头鹰

《岛》的设计产生了深远的影响。就 NES 游戏而言，《塞尔达传说2：林克的冒险》的影响主要体现在加入了横向卷轴的关卡设计上；而与初代《塞尔达传说》的相似之处则主要源于它们都是在硬件条件相对有限的平台上实现了宏

» 头目莫多姆喜欢把你踢进坑里，让你的战斗重新开始。

大的游戏构想。从字面上说，就是除了要应对 Game Boy 更小的单色屏幕外，还要考虑其只有两个按键的操作限制，因为仅凭 NES 控制器的两个按键已无法操作《众神的三角力量》。虽然一群才华横溢的设计师解决了屏幕问题，但按键限制的问题没那么简单。

尽管 Game Boy 与 NES 一样在按键数量上有所限制，但《众神的三角力量》已经将系列的核心系统发展到了需要更多按键的阶段，因此需要一个创造性的解决方案。为此，《织梦岛》成为《塞尔达传说》系列中 ▶

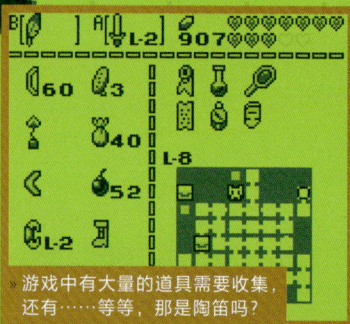

» 游戏中有大量的道具需要收集，还有……等等，那是陶笛吗？

» 秘密的背后，通常藏着一块心之碎片。（图中英文意思：你得到了一块心之碎片！）

基尼

大精灵

玛穆

漫博

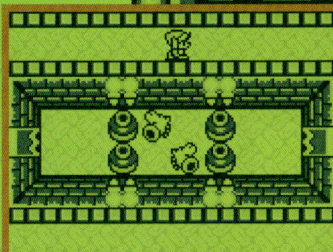

与其他游戏相比，《织梦岛》的谜题和地牢更考验玩家的逻辑思维能力。

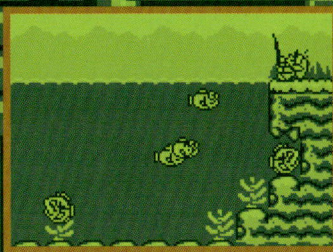

» 手家卓志表示，他的团队在制作《织梦岛》时，把它看作是一部《塞尔达传说》的戏仿作品。

林克

» 大世界开放得很快，特别是当你在地牢中获得第一个特殊道具"洛克的羽毛"后，因为林克能用它跨越裂缝。

基尼

巨型基尼

令人惊艳的色彩

GBC上的林克焕然一新

THE LEGEND OF
ZELDA®
LINK'S AWAKENING
DX™

© 1993,1998 Nintendo

» 图中英文意思：《塞尔达传说：织梦岛 DX》、任天堂。

《织梦岛 DX》在原版游戏发布五年后登场，其鲜明的色彩和一系列新特性，为这款经典冒险游戏注入了新的活力。在这些新特性中，除了视觉上的色彩升级外，最重要的莫过于全新的地牢——色彩地牢。地牢的名字非常贴切，它在原版单色画面的基础上进行了扩展，引入了基于彩色物品和敌人的谜题和机制。林克完成这个挑战后，可以从红色服装和蓝色服装中选择一件，这两件新物品分别能让他的攻击能力和防御能力翻倍。此外，这款加强版的游戏还支持 Game Boy 打印机。游戏世界中增加了多个拍照点，林克可以在冒险过程中找到这些地点并拍照。玩家可以将这些照片打印出来，制作成可爱的《织梦岛 DX》贴纸。

如梦似幻

任天堂在Switch上传奇重生

很多人都说《织梦岛》值得被更多玩家喜爱和追捧，任天堂似乎也终于同意了这一点。当你读到这里的时候，它的重制版已经发售，而且已经发售一段时间了，不过一开始你可能认不出来。它新奇的视觉风格让人感觉像是立体模型活了过来，虽然有些人可能觉得它有点过于可爱，但不可否认的是，它完美地还原了原作简约的风格。游戏采用略微倾斜的俯视角度，使得游戏中美丽的环境前所未有地突出。在这种新颖又迷人的视觉美学下，再次游览科霍林岛上众多不同的地点成为一种乐趣。

就像之前的《织梦岛 DX》一样，任天堂这次也不只对视觉效果进行了更新。在为新玩家精心重制了 Game Boy 版《织梦岛》大部分内容的同时，还新增了一个可以深入探索的全新地牢——密室地牢。这个地牢提供了一种很有意思的玩法，玩家可以自由组合游戏中逐步解锁的各种预设房间，创造出属于自己的个性化地牢。而且，玩家还能通过挑战并通关这些自制地牢来获得奖励。所以，别忘了去《织梦岛 DX》里相机店原本的位置看看。

速通技巧

速通玩家在最短时间内唤醒风之鱼的几个小技巧

» 图中英文意思：你获得了梦魇的钥匙！

保存 / 退出

快速保存和加载是游戏里非常常见的技巧，因为回到之前的位置通常比正常开始游戏更快。在《织梦岛》里，通常通过进出建筑物和山洞来设置退出后重新开始的位置。而在地牢里，你也可以用这个方法瞬间回到入口房间。

跳过文本

进入保存菜单稍微有些烦琐，但只要在文本框弹出时迅速按下 Start+Select+A+B 键并继续游戏，就能跳过绝大部分对话，包括简单的道具说明和长篇对话。虽然每次只能节省几秒钟，但这些时间在游戏中累积起来是相当可观的，特别是你在争分夺秒玩游戏的时候。

跳过乐器插曲

正如游戏中的大部分文本可以快速跳过一样，在地牢尽头拾取乐器时出现的大部分短暂的音乐插曲也可以跳过。要做到这一点，你需要精确地控制林克的位置，让他离乐器仅一个像素的距离。随后，在拾取乐器的同时，迅速切换到地图界面，利用这个动作缓冲进入保存菜单，虽然有时可能会失败。

炸弹触发

奇妙的是，如果在切换场景的瞬间使用炸弹，就能触发新场景中特别的动画。玩家可以利用这一技巧绕过阻挡动物村出口的海象，直接进入龟岩地牢，摧毁鹰之塔的柱子，甚至可以跳过圣蛋的动画。不过，这个操作可能有点麻烦，而且每次需要两颗炸弹。

超级跳跃

你获得的第一个关键道具可以让你进行一些非常重要的跳跃，这真是太方便了！只要卡进墙角并沿着墙壁移动，然后在跳跃的同时挥舞你的剑，你就可以设置跳跃点位，跨越原本不可能跨越的障碍物，甚至可以忽略高度的变化。这个技巧在很多地方都可以使用，能帮你节省大量时间。

图中英文意思：等级 8；龟岩地牢。

魔杖失灵

玩家可以利用一个技巧来打破设定的地牢顺序，这个技巧利用了游戏中精灵图数量限制的漏洞。在多次使用魔杖后，迅速打开菜单会导致游戏出现严重卡顿，紧接着，立即切换画面可以清除当前画面上所有的精灵图，包括头目。

首款不单独为剑设置按键的游戏，可以将 A 键和 B 键自由设定为林克在游戏中找到的任何物品。这样的设计虽然会导致物品切换有些烦琐（尤其是在后期更复杂的地牢中），但也为游戏带来了前所未有的物品组合玩法，这种灵活性是系列之前从未有过的，而且此后也很少见到。例如，将"飞马靴"和"洛克的羽毛"组合起来，可以跨越长距离的裂缝；或者同时装备炸弹和弓箭，并同时按下两个按键，可以让林克射出一支爆炸箭。虽然前者是通关游戏所需的唯一物品组合，但其他选项的存在让玩家有机会通过自己的实验找到意外的解决方案——这在以线性方案为基础的系列中非常罕见，也只有在开放世界巨作《旷野之息》中才能看到类似的情况。

《织梦岛》与大多数《塞尔达传说》系列作品的不同之处还不止于此。在《塞尔达传说》系列中，物品交换环节通常是重要的支线任务，但《织梦岛》是唯一一款要求玩家必须完成这个任务的游戏。因此，与其他游戏相比，《织梦岛》中的交换任务更简洁明了，更像是玩家在冒险旅途中自然而然地帮助他人，而

» 你找到的任何大精灵都会帮你恢复全部生命值，虽然比较小的精灵无法捕获。

» 扔出钩爪时，林克是无敌的，因此钩爪成为躲避某些攻击和敌人伤害的简单方式。

莫力布林

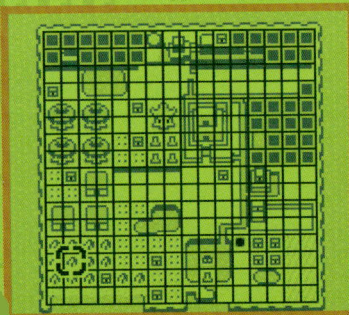

» 地图虽然很简洁，但塞满了大量需要探索的地点和需要发现的秘密。

乌鲁里拉爷爷

不是特意偏离主线去为他们跑腿。奇怪的是，这种设计出现在《塞尔达传说》系列最悠闲的游戏中，却巧妙地让玩家既不会感到烦琐，还能与科霍林岛上那些古怪而奇妙的居民相遇。也许，《织梦岛》最突出的特点就是它的整体基调，与系列中的其他游戏相比，它显得更加幽默、怪诞和愉悦，这是因为游戏中没有像盖侬那样随时准备毁灭世界的大反派。科霍林岛上有一种梦幻般的美好特质，这都体现在岛上那些充满个性的角色和奇特生物上，同时也因为其他任天堂游戏元素的融入，让人觉得有点记错了《塞尔达传说》冒险的情节。例如，你在梅贝村能找到温顺的铁链球怪，地牢里则出现了《马力欧》系列的敌人，如栗宝宝和吞食花，游戏中甚至还有邪恶版的卡比。在交易环节，我们还能看到耀西、碧姬，以及来自《织梦岛》日本 Game Boy 独占前作《钟为青蛙而鸣》中的理查德王子等角色的客串。游戏还大量运用了自嘲式的幽默，这在通常以严肃风格为主的《塞尔达传说》系列中比较少见。

这些都是造成《织梦岛》与大部分《塞尔达传说》系列游戏大不相同的原因，这可能也是它没有像《众神的三角力量》和《时光之笛》那样受到广泛尊崇的原因之一。虽然这款游戏充满魅力和奇幻色彩，但有点讽刺的是，这个明显的异类是《塞尔达传说》传统游戏结构中最死板的线性游戏之一，它的地牢被严格编号，玩家必须按顺序一一攻克。然而，与此形成鲜明对比的是，除了最开始的几个地牢外，游戏中几乎没有明确的指引，只有几块石碑提供隐晦的线索。关键道具可能藏在没有提示的秘密房间里，而一些谜题则需要玩家发散思维，这远远超出了很多同类型游戏中"使用你最新获得的道具来解决问题"的常规思维。

我们几乎要为《织梦岛》及之后一些风格独特的《塞尔达传说》游戏感到遗憾了。它们似乎总是笼罩在那些定义了整个系列及类型的作品的阴影下，与《众神的三角力量》和《时光之笛》相比，它们的创新和成就显得黯然失色，而这两款游戏在各种历史十佳游戏榜单上几乎都有出现。然而，我们应该记住，正是这些较少被讨论的系列经典之作，在塑造和推动那些经典巨作发展方面发挥了巨大的影响力。青沼英二在 2010 年接受媒体采访时坦言，如果不是《织梦岛》在宏大叙事和角色发展方面的革新，《时光之笛》将会成为一款完全不同的游戏。有趣的是，那次访谈中还提到了《双峰镇》对《织梦岛》的启发作用，这一点在今天看来确实挺有道理。因此，我们应当珍视并尊重这些系列中非主流的作品，因为如果没有它们，那些主导系列和类型讨论的经典作品也许就不存在了。《织梦岛》本身就足够有魅力，而这一点更让它永远地成为我们心中最爱的《塞尔达传说》作品之一。

匹哈特

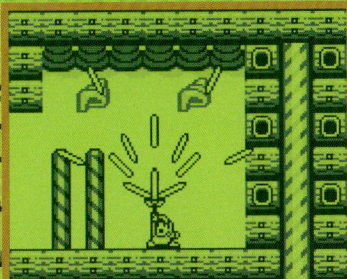

总的来说，卡普空的 Flagship 工作室从《织梦岛》的设计中汲取了很多灵感，并将其运用到了《不可思议的果实》系列游戏中。

海胆

海象

93

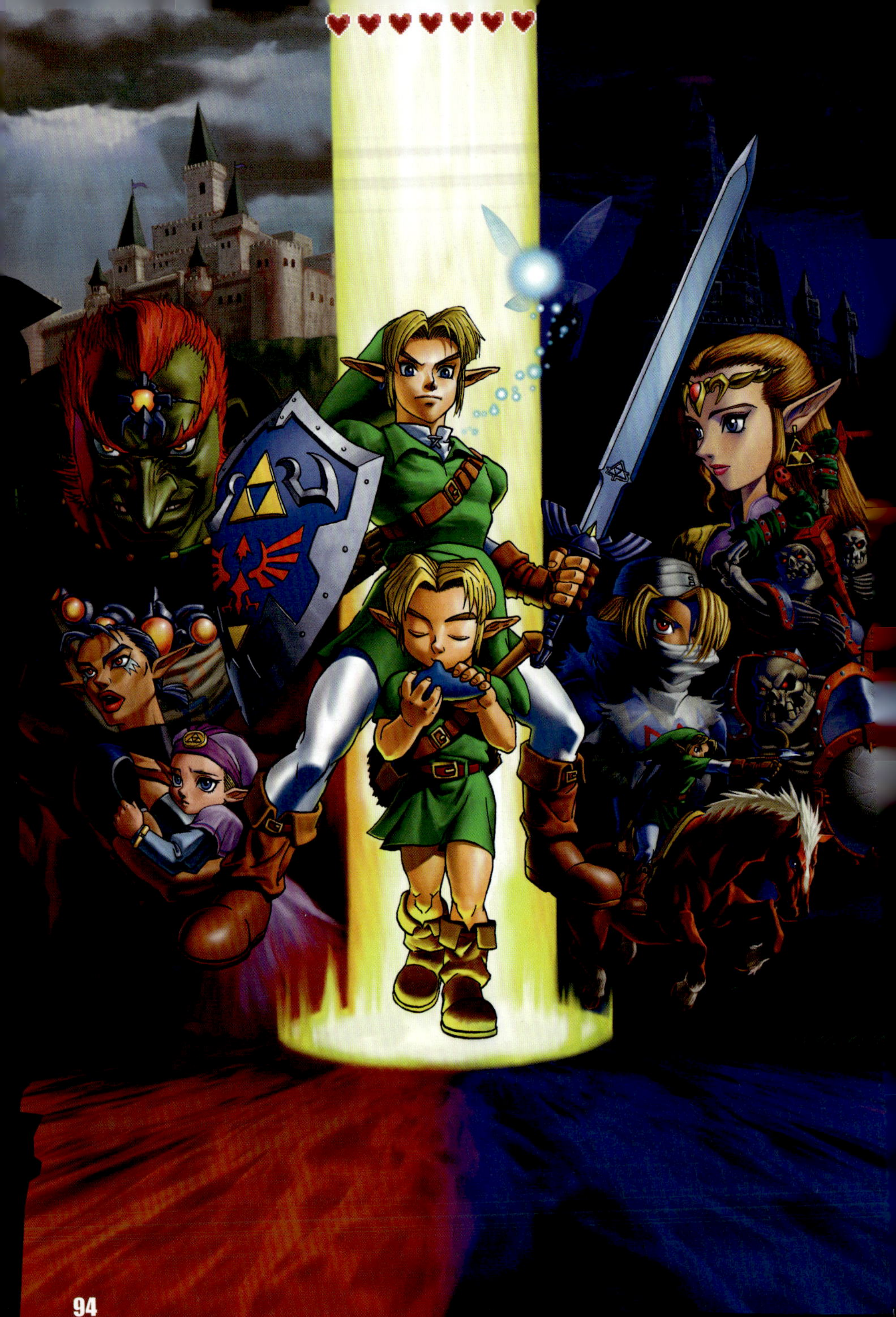

THE LEGEND OF ZELDA

OCARINA OF TIME

塞尔达传说：时光之笛

林克在任天堂64平台上的首次冒险常被玩家誉为《塞尔达传说》系列的巅峰之作。这次史诗般的冒险跨越了两个时代，带来了令人难忘的伙伴、对手及震撼人心的画面。这部宏大的冒险游戏经受住了时间的考验，其卓越程度令人难以忽视

斯图尔特·亨特（Stuart Hunt）

　　归根结底，一款游戏是否优秀是由你的体验来衡量的——那一刻，你回想起投入的无数个小时，问自己："这一切真的值得吗？"纵观电子游戏的历史，那些最好的作品都为我们提供了难以忘怀的冒险经历，让我们喜欢在其中扮演主角。当看到游戏的片尾字幕滚动时，我们会感受到一种奇怪的、矛盾的忧伤和满足感，并乐于重温一两遍，那些回忆可能会永远伴随着我们——因为我们曾经亲身经历，亲手创造了这些回忆。其中可能包括一些简单的事情，比如从库巴手中救出碧姬，或者某些可能是你最珍视的特定大场面——比如你第一次捉到宝可梦，并培育它直至进

Play using Ⓐ and Ⓒ.

陶笛是剧情中重要的道具。在冒险的过程中，林克不断学习着解谜所需的新曲子。(图中英文意思：按A键和C键进行演奏。)

化的那一刻，或是在《街头霸王》中以一记精准的龙拳战胜了你的挚友，又或者是在《超越》里冲线前的几秒钟。

　　《时光之笛》以其无数难忘的瞬间构成了一场史诗般的冒险，它也因此成为最好的《塞尔达传说》游戏之一，也是有史以来最好的电子游戏之一。这是一款带你踏上完美冒险的游戏，无论你在哪个年龄段，都能与之产生共鸣：你是英雄，你攀登城堡，击败反派，通过这些行动，你恢复了这片土地的和平，成为传奇人物。

　　毫无疑问，初代《塞尔达传说》是电子游戏历史上一个重要的分水岭，而《时光之笛》则要感谢它为游戏的核心元素奠定了基础。不过，《时光之笛》只是宫本茂为林克、塞尔达、盖侬和海拉鲁大陆所构想的一小部分，或者说是一种折中的体现。《时光之笛》发行后，《塞尔达传说》的某位创作者透露，这款游戏标志着他最初真正设想的世界——他心中所描绘的海拉鲁大陆，最终得以呈现。

　　早在 1986 年，当这个系列的第一部作品发行时，由于技术限制，宫本茂只能在屏幕上呈现《塞尔达传说》的核心主题——三个主要角色、三角力量、海拉鲁、自由感，当然还有地牢。很明显，早在它的第一部续作中，宫本茂就已经开始思考如何利用 NES 有限的性能，在已有的基础上，构建他心中海拉鲁真正的形象。

　　《塞尔达传说 2：林克的冒险》虽然常被视作不尽如人意的作品，但它与系列的"巅峰之作"有许多相似之处。这部续作引入了横向卷轴的平台游戏机制，将玩家带入了海拉鲁大陆的中心地带。这种新视角被用来构建充满活力的村庄场景，很多村民生活其间，林克在探索过程中可以与他们互动和交谈。这不仅为游戏世界带来了更多的生命力和沉浸感，还让玩家在游戏过程中承担起更大的责任。

» 用当时任天堂 64 先进的控制器来调整射击操作，瞄准就成为一项精细的任务。

» 《时光之笛》最初设想是作为一款第一人称视角的游戏，但后来这一想法被搁置。即便如此，游戏中还是保留了观察与瞄准的视角。

　　第一部续作也更加强调动作元素。林克可以施放法术（在《时光之笛》中，林克也可以这样做，并且新增了魔法值，让我们的兜帽英雄能够施放特殊的蓄力攻击）和赚取经验值来提升攻击力。虽然这种升级机制很快就被系列所抛弃，但角色成长仍然是《时光之笛》的重要内容，只是这里的成长是通过旅途中获取新的工具、道具、额外的心之容器，以及更为强大的武器等更有趣的方式来实现的。

　　虽然《时光之笛》从《塞尔达传说 2：林克的冒险》中吸取了一些教训，但它也从其他系列作品中借鉴了许多广受好评的创意和主题。例如，陶笛在推动故事情节发展中起到了重要作用，于 Game Boy 平台的《织梦岛》中首次亮相。此外，《众神的三角力量》中的光明世界与黑暗世界也再次出现，林克在游戏中成长了 7 年，目睹了在盖侬多夫统治下，海拉鲁王国所遭受的严重破坏。

　　《时光之笛》最初于 1995 年 12 月在任天堂的"太空世界"活动上公布。在一群惊讶和兴奋的观众面前，任天堂宣布，《时光之笛》会赶上任天堂 64——超级任天堂的后继机型的发行时机，成为其首发游戏。然而，当时距离发行只有一年的时间，这个预测有点过于乐观。由于一连串的延误，《时光之笛》实际上直到任天堂 64 在日本推出两年后的 11 月底才发行。

　　　　　　　　　　　《时光之笛》是在对《超级马力欧 64》引擎进行大量 ▶

林克在游戏中结识了玛蓉和伊波娜，将来，小马伊波娜会长大并成为林克珍贵的伙伴。

时间飞逝

重温一下《时光之笛》中我们最喜爱的一些瞬间

🟢 科奇里森林

游戏一开始，你会发现自己身处科奇里森林中，你可以花很多时间探索这里，然后再向海拉鲁平原出发。科奇里森林很像是一个训练地牢，林克必须找到剑和德库之盾，才能获得与大德库树对话的机会。当林克找到这两件物品后，他就可以进入树中，开始他的第一次地牢冒险。完成之后，德库树提醒林克小心盖侬多夫，并奖励他第一颗森之精灵石，让他去和塞尔达公主交谈。

Oh, you're leaving...

🟢 海拉鲁平原

对于许多《塞尔达传说》系列的粉丝来说，第一次在《时光之笛》中走进海拉鲁平原，是他们在游戏世界中独特而难忘的一个时刻，因为这一刻标志着《时光之笛》开始向玩家展示它的宏大和壮丽。海拉鲁平原作为连接各个地区的中心地带，四周分布着各种各样的区域，每个区域都栖息着不同的海拉鲁生物。当你走向海拉鲁城堡，天空中的阳光慢慢隐退时，你会不由自主地感到震撼，并为它着迷。

🟢 驯服伊波娜

一开始，你会觉得徒步探索海拉鲁平原没什么，但到后面，你会发现有更多需要探索的地方。在海拉鲁平原中心附近的龙隆牧场稍作停留是个明智的选择。小时候的林克曾在那里遇见玛蓉，她教会了林克用陶笛演奏《伊波娜之歌》。当林克长大成人回到那里时，他发现盖侬多夫将牧场交给了阴险的牧场工人印格管理。林克通过演奏《伊波娜之歌》驯服了伊波娜，并将它解救出来。从那以后，伊波娜就成为林克探索海拉鲁平原的好伙伴。

与公主的相遇

林克必须躲开海拉鲁城堡的巡逻卫兵，所以在经过一个无谓的《潜龙谍影》式的潜行环节后，这位小英雄终于见到了塞尔达公主。他们的相遇总是令人难忘，她告诉林克，她担心盖侬多夫正在寻找三角力量来统治海拉鲁，因此她请求林克取回剩下的两颗森之精灵石，并赶在盖侬多夫之前找到三角力量，林克就按她说的做了。毕竟，她是公主，我们怎么能拒绝她呢？

加布加布领主

《时光之笛》中有许多想象力丰富、设计精妙的地牢，但最奇特的莫过于加布加布领主的肚子，这也是游戏中比较棘手的一个地牢。在为巨大的神鲸献上鱼后，林克会被它吞入腹中。林克需要在神鲸庞大的胃部，找到卓拉族的公主露托，然后两人合作，一起取回最后一颗森之精灵石。

使用时之笛

音乐是《时光之笛》中的重要内容，这对于一款以乐器命名的游戏来说并不意外。游戏中的声音不仅具有动态，能够根据事件的发展迅速变化，而且每个角色和许多地区都有自己独特的主题音乐。音乐在任务和故事中也起着重要作用，这要归功于与游戏同名的时之笛。林克离开科奇里森林时，在萨利娅那里得到了他的第一支陶笛。他通过不断学习新的歌曲来帮助自己完成任务，而这些歌曲可以用来开启大门、结交朋友，甚至召唤帮手。

成为大人

SNES 续作《众神的三角力量》首次将双世界机制引入该系列，而且大受欢迎。所以，《时光之笛》再次采用了这一机制。当林克进入神圣领域，注意力被大师之剑所吸引时，盖侬多夫趁机夺取了三角力量。7 年后，当林克醒来时，他已成年，而海拉鲁却因盖侬多夫滥用这个强大的神器而陷入了黑暗与绝望之中。林克看到，如果他的任务失败，未来的变化将会是多么的触目惊心。

▶ 修改的基础上设计的，由任天堂情报开发分部负责制作。在这个过程中，不同的开发团队在各自监督的带领下，分别负责游戏的脚本编写和剧情设计、林克的动作和镜头控制，以及游戏中各种道具的构思。随着开发的推进，更多团队加入进来，负责游戏音效、特效等其他方面。最终，曾参与《众神的三角力量》剧本创作的田边贤辅，根据宫本茂和小泉欢晃提出的故事构想，再次执笔编写了《时光之笛》的剧本。

» 要战胜那些烦人的德库人，玩家必须用盾牌完美格挡。

宫本茂作为制作人和监督人，负责把控游戏的整体制作。他不仅为监督们提供开发思路，还要确保各个独立部分都能完美地融合在一起。在 1996 年《超级马力欧 64》发布之后，宫本茂得以全身心投入《塞尔达传说》游戏的开发中，协助各个团队完成游戏开发。一开始，参与这个项目的开发者大约只有 15 人，但到了游戏即将完成的阶段，团队规模已经壮大到 50 人，这个数字在当时来说是相当惊人的。

> 66 一开始，参与这个项目的开发者大约只有 15 人，但到了游戏即将完成的阶段，团队规模已经壮大到 50 人。99

规模更大的开发团队对游戏开发固然有帮助，但《塞尔达传说》游戏在任天堂 64 上的首次发布仍然因为一些不可避免的问题推迟了。其中一个原因是游戏的开发曾一度转移到 64DD 平台，计划让它成为任天堂 64 外设的首发游戏。另一个原因是宫本茂曾设想通过第一人称视角让玩家更深入地沉浸在海拉鲁世界中。然而，由于游戏中玩家需要操控童年和成年两个阶段的林克，如果林克在大部分冒险中都处于玩家视野外，这个设定的效果将大大减弱，因此最终放弃了这个想法。令人惊讶的是，游戏令人难忘的剧情实际上是在设计的后期阶段才被并入和敲定的。

为了保持游戏的沉浸感，并以最佳方式展示海拉鲁大陆，宫本茂打算让游戏的镜头聚焦在海拉鲁，而不是林克和他的行动，这对于冒险游戏来说是合理的。在《超级马力欧 64》中，玩家能一直流畅且清晰地看到马力欧，这对于他们适应马力欧的新能力和在全新的 3D 空间中进行平台跳跃非常有帮助。而在《塞尔达传说》游戏里，开发者则认为这样的设计没必要。

自《塞尔达传说》问世以来，宫本茂一直希望让玩家感觉自己真正置身于海拉鲁的世界。有了任天堂 64 的支持，宫本茂和他的团队开始思考如何让玩家完全沉浸在游戏世界中。在寻找答案的过程中，他们想到了《时光之笛》的另一个亮点：操控。

可以毫不夸张地说，《时光之笛》的操控与游戏世界的契合度超过了之前或之后的任何一款 3D 游戏。游戏充分利用了任天堂 64 独特控制器上数量惊人的按键，让林克能在海拉鲁大陆轻松穿梭。一些简单但非常有效的功能让所有人都能轻松上手，例如，当林克走到平台边缘时会自动跳跃（大大减少了玩家手动操控的麻烦），还有一个根据场景变换功能的 A 键，它可以用来挥剑、开门、移动物体、攀爬平台，以及与海拉鲁大陆中众多令人难忘的角色对话。

同样，由于对控制器上黄色 C（相机）键的巧妙运用，使用物品和观察世界都变得非常轻松。在第三人称视角下，玩家可以将道具分配给这些按键，这样就可以轻松地在游戏过程中即时使用。而在第一人称视角下，同样的按键则可以用来完全控制游戏的镜头，帮助玩家定位方向，还能使弹弓和回旋镖等武器进行精确瞄准。和《时光之笛》里其他的操作一样，战斗也变得非常简单，这要归功于游戏中引入的创新战斗系统"Z 瞄准"。"Z 瞄准"是一种自动瞄准机制，用于林克的投射类武器，还自此成为很多电子游戏的主要战斗方式，广泛应用于各类型和各系列的游戏中。

除了游戏操作易于上手外，玩家在冒险过程中还能得到名为娜薇的小精灵的帮助。娜薇作为向导始终陪伴在林克身边，她会指出游戏中的重要 ▶

» 你学会的每首陶笛曲都会对世界产生有意义的影响，这种机制在《风之杖》中得到了复刻。

» 一次奇怪的潜行，林克需要躲避卫兵以接近塞尔达公主，这是游戏中给人印象较差的部分之一。

101

颠覆之作

瞄准敌人

在早期的动作冒险类游戏中，在 3D 空间攻击敌人总是有点麻烦，或者说，至少在《时光之笛》推出其独创的锁定系统之前是这样的。这个锁定系统如今成为这类游戏的重要内容，它让玩家可以直观地将镜头对准敌人，让林克可以自由地在怪物周围绕圈和扫射，而不会失去追踪和攻击的能力。如果没有这样一个重要的游戏系统，我们现在的游戏又会是什么样的呢？

平台的优越性

《超级马力欧 64》作为一款经典之作，展示了任天堂 20 世纪 90 年代的辉煌。然而，它也暴露了 3D 空间中导航的一些不足之处。由于《时光之笛》和《超级马力欧 64》是同时开发的，因此开发团队有足够的时间对控制和镜头进行调整和改进。最终在《时光之笛》发布时，开发团队成功地让玩家在地牢狭小空间里的操作变得更顺畅。

根据场景变化的操作

由于玩家可以进行的操作非常多，其中还有许多都是全新的，因此任天堂简化了控制系统，以确保游戏体验尽可能流畅。他们采用了能根据不同游戏场景做出相应操作的系统，这个系统能把多个任务分配给一个按键，减轻了玩家学习过多操作的负担，并引导玩家在游戏世界中自由探索。这种设计让林克可以无忧无虑地冒险，只有在必要时才会给出移动箱子或攀爬的选项。

地牢设计

《时光之笛》中的神庙是 3D 设计和实现的奇迹，每座神庙都为那些愿意挑战自己对战斗和平台机制理解的玩家提供了挑战和奖励。即便是被公认为游戏中最难的、至今仍令人头疼的水之神庙，都证明了自己是空间意识运用的杰作，展现出设计师在游戏设计的方方面面都敢于挑战传统、勇于冒险的精神。

图中英文意思：下潜。

《时光之笛》不仅仅是一款3D《塞尔达传说》游戏，还是史上最伟大的游戏之一，因为它有着下列元素。

广阔的大世界

《塞尔达传说》游戏的巧妙之处之一是包含一个大世界，它是将所有关卡、地牢和区域连接在一起的枢纽。而《时光之笛》将这个大世界进一步扩大，大到让人感觉自己就是周围世界的一小部分。只要是你目光所及之处，你都可以到达，虽然这意味着你要先去搜寻特定的物品，然后再返回。

丰富的探险内容

在整个探险过程中，林克会收集与获得不同的道具和武器，这些道具和武器大大丰富了探险的内容。任天堂以解谜为幌子，通过精心设计的教程为很多道具和武器逐渐引入了许多新功能，然后再让你在头目战中尽情地使用它们，最后让你在大世界里利用它们进入新区域。这已经成为《塞尔达传说》系列设计的一大特色，不仅如此，它还被广泛应用于各种类型的游戏中。

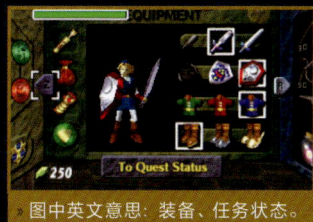

图中英文意思：装备、任务状态。

情感真挚的叙事

与当时任天堂推出的大多数机制高于一切的游戏不同，《时光之笛》的核心是故事。在带来欢乐的同时，它也暗含着失落和悲剧的色彩。故事中，林克为了阻止一场自己无意中造成的灾难，踏上了穿越时空的旅程。《时光之笛》被誉为史上最伟大的游戏之一。

头目设计

《塞尔达传说》系列中的头目设计一直都相当简单：找到敌人的弱点，然后用新获得的装备攻击其弱点。不过问题不大，因为《时光之笛》用精彩的战斗场面和令人印象深刻的头目设计弥补了这一点。3D化的头目形象更加生动，其庞大的身躯使玩家觉得前方的挑战异常艰难，但其紧凑的机制又让玩家觉得它并非不可战胜。

解锁伊波娜是游戏中必须完成的支线任务之一，否则你在探索海拉鲁平原时就要花很多时间来走路。

游戏中的音乐由近藤浩治创作，他负责了所有《塞尔达传说》主要游戏的音乐创作。

▶ 地点，并提供有用的提示和建议来帮助玩家解谜。

你可以感觉到《时光之笛》的每个方面都是经过精心设计的，就好像游戏在竭尽全力地让你在海拉鲁有一个尽可能舒适愉快的冒险之旅，这样你就会推荐所有朋友来玩这个游戏，甚至决定自己再玩一遍。

> **66 你可以感觉到《时光之笛》的每个方面都是经过精心设计的，就好像游戏在竭尽全力地让你在海拉鲁有一个尽可能舒适愉快的冒险之旅。99**

《时光之笛》的故事发生在该系列前四款游戏的事件之前，并沿用了《塞尔达传说》游戏的传统模式。林克必须冒险进入一系列布满敌人的地牢，找到想要的东西，然后击败堵住出口的巨大头目，逃出生天。然而，《时光之笛》和之前的《众神的三角力量》一样，将游戏分为两个截然不同的部分。第一部分的背景是在郁郁葱葱、生机勃勃的海拉鲁，林克还是一个小男孩，他奉塞尔达公主之命去寻找三颗森之精灵石，这三颗森之精灵石可以让他进入存放三角力量的神圣领域。玩家需要花费非常多的时间才能走到这一步，如果他们还做了很多支线任务的话就需要更多时间了，而这还不到游戏的一半进程。神圣领域的封印解除后，盖侬多夫偷走了三角力量，而林克被封印了起来，他得想办法逃脱。

当你玩到这一阶段时，故事发生了戏剧性的转折。七年的时光匆匆流逝，当林克再次苏醒，他遇到了七贤者之一，他们的使命是守护三角力量。如今已是年轻人的林克得知，盖侬多夫利用三角力量将海拉鲁王国笼罩在黑暗之中。现在，唤醒沉睡贤者的希望寄托在林克身上，他需要前往海拉鲁大陆的五座神庙，击败盖侬多夫手下的魔物，并最终打破他的邪恶诅咒。如果林克成功了，贤者们就能把盖侬多夫困在神圣领域里，并让海拉鲁王国恢复原状。

林克走到外面，看到了盖侬多夫统治下的海拉鲁。此时的海拉鲁失去了所有的生机、色彩和美丽，变成了一个黑暗、压抑、干瘪的空壳，这是《时光之笛》中众多令人震惊的时刻之一。未来的海拉鲁看起来灰暗且布满火山、原本活跃的村民变成了活死人、科奇里森林遍地都是致命的动植物，林克的避风港已经不复存在，取而代之的是邪恶滋生的致命场所。

就像电影《回到未来 2》那个令人印象深刻的场景：马蒂·麦克弗莱回到了现在，发现世界一片暗淡，比夫则成了赌场大亨。这种情节设计是为了让林克看到如果他失败，未来将会是什么样子。在《时光之笛》中，这种情节设计能促使玩家完成任务并让一切回归正轨。事实上，当玩家再次回到海拉鲁大陆上许多熟悉的地点时，他们会发现一些让林克和玩家都感到惊讶的变化。例如，林克的忠实伙伴伊波娜所在的龙隆牧场现在有了新的主人。林克走进高大的牧场大门，本以为会看到友好的面孔，却发现牧场的原主人泰荣和他的女儿玛蓉被盖侬多夫无情地赶走了，牧场现在归泰荣狡猾的马厩工人印格所有。这样的变化还有很多，它们让玩家更加意识到任务的重要性，以及他们的行为所带来的个人影响。

可以说，《时光之笛》在经历了多次延期、几乎改变平台及迈向 3D 的艰难 ▶

> **66 林克走到外面，看到了盖侬多夫统治下的海拉鲁……这是《时光之笛》中众多令人震惊的时刻之一。99**

离开安全的科奇里森林，踏入海拉鲁的那一刻，许多玩家便成长了。

锁定敌人是非常成功的游戏概念，很多游戏都借鉴了这一概念，如今，你仍然可以看到它的影响。

《时光之笛》中最受喜爱的时刻

蚂蚁大师（theantmesiter[1]）

通关的时候。1998 年《时光之笛》发售当天我就买了，我花了十年时间才完成通关。现在回想起来，这确实是我体验过最棒的一次冒险。我和林克一起变老了，游戏结束的时候，我几乎要哭了。然后，我把游戏装进了箱子，从此再也没有碰过它。

影子人（ShadowMan）

走出水之神庙的时候。我觉得没有语言能形容我终于摆脱了这种痛苦的喜悦和欣慰。

复古马丁（RetroMartin）

拔出大师之剑的时候——经典的场景，经典的曲子……还能从成人变成孩子！

忍（Shinobi）

当你第一次见到塞尔达时，她演奏了《伊波娜之歌》——有史以来最美妙的音乐！还有艺术画廊和骑着马从画中走出来的死神……

斯科特（sscott）

第一次踏上海拉鲁平原，心想我想去哪里都可以的时候。

卖面具的人（The Mask Seller）

当林克第一次离开科奇里森林，与萨利娅在木绳桥上分别，这每次都让我感动不已。在游戏中，他们只是孩子，但离别的情节处理得特别好。它通过模糊的贴图、简单的人物模型和纯文字脚本所传达的情感，比我玩过的任何一部采用全动态影像技术的游戏史诗级巨作都要丰富。我也很喜欢鼓隆王随着《萨利娅之歌》摇摆的那一段。

棒头（StickHead）

那肯定是骑着伊波娜逃离龙隆牧场的时候，我感觉自己就像《大逃亡》里的史蒂夫·麦奎因。

惊奇先生（mrmarvelxiii）

那肯定是结局啊，没有任何一款游戏的结局能如此深刻地打动我。音乐、围绕着龙隆牧场的篝火聚会，还有最后年轻的林克和塞尔达再次相遇的场景……

布达利·摩尔（Budley Moore）

简单地解开了一些极具欺骗性的谜题的时候。我花了好几个小时来解谜，却发现解决方法其实非常简单，比如把箭射进眼睛之类的。这是一款很不错的游戏。

---

①读者昵称，余同。——译者注

通过回忆《时光之笛》中那些最让他们难以忘怀的瞬间，为我们架起了一座通往过去的桥梁

博学罗伯（learnedrobb）

只要一个瞬间？我可做不到，要我说，整个游戏都非常令人难忘！

胃复安（Reglan）

当林克第一次遇到多东哥王时，我觉得我惊得下巴都要掉到地板上了，因为我被那家伙巨大的身躯吓了一跳，接下来的战斗至今仍是我最爱的时刻之一。

杀手（Zapper）

在没有捡任何额外心之容器的情况下完成游戏的时候。这款游戏的氛围通常都很好，但我给自己设置的这个挑战让我感觉更棒。因为玩得多了，我已经挺习惯这个游戏了，所以给自己设限让我觉得更刺激。

迈克天堂（Miketendo）

我认为《时光之笛》中最重要的时刻并非只有一个，而是所有时刻都至关重要。这是最后一款让我爱不释手的游戏，直到通关我才舍得放下。《时光之笛》之后，再也没有任何一款游戏能这样吸引我了。探索的规模大得令人惊叹，我想这也是这款游戏最终吸引我的地方。

胖司机（FatTrucker）

在游戏发售时，对我来说，最难忘的时刻可能就是在完成了任天堂那糟透了的一小时左右的教程和练习后，突然就可以去任何想去的地方了。第一次走进海拉鲁平原时，游戏突然就变得富有自由感和探索性。这可能是向现在所谓的"沙盒"游戏迈出的第一步，当时感觉非常新奇和刺激。

dste

对我来说，在整个游戏里，我最喜欢的时刻应该是 7 年后，当林克离开时间神庙时，目睹时间和邪恶势力把城堡镇摧残至面目全非，背景中的死亡之山与炫目的光线显得非常壮观，这为游戏的下一部分作了一个精彩的铺垫。

沼泽（boggyb68）

游戏开头。我只是在村子里四处游荡，到处扔石头，同时傻气地叫喊……这真是太棒了！

▶ 尝试后，最终超出了当时几乎所有人的预期，取得了令人惊叹的评价。任天堂通过推出全新的 3D《塞尔达传说》游戏，不仅满足了其经典系列忠实粉丝的期待，超越了其 16 位杰作《众神的三角力量》的巅峰地位，还凭借其优秀的冒险游戏体验，成功吸引了全新的玩家群体。该游戏在业界获得了极高的赞誉和评分，成为历史上首款在《Fami 通》杂志上获得满分的游戏。其影响力之大，堪比《街头霸王 2》和任天堂自家的经典之作《超级马力欧 64》。

如果用非常挑剔的眼光来看，《时光之笛》确实有一些比较薄弱的地方，与游戏其他部分的精彩比起来，显得有点逊色，而且在今天看来也显得有些过时。例如，游戏中有些地方并没有明确说明下一步该往哪里走，而且有些区域要在你完成了一些很难的关卡后才会开放，比如清除房间里所有的蝙蝠（有时会有一只不听话的蝙蝠让你卡关），或者快速连续地和同一个角色进行两次对话，更别提游泳机制和慢节奏的水之神庙地牢了。然而，那郁郁葱葱又美轮美奂的 3D 世界、流畅的操作体验、精湛的故事讲述、匠心独运的游戏设计和恰到好处的节奏把控，都让它成为一款你可能梦寐以求的完美游戏。

时至今日，人们仍能感受到《时光之笛》的影响和人气，这足以证明它的影响力和传承性。《时光之笛》已经重新发布过两次，第一次是作为修正版——《时光之笛·里》于 2003 年在 GameCube 上发售，增加了新的谜题和更棘手的地牢，之后又在虚拟主机上重新发售，而 2011 年发售的 3DS 平台的全新重制版——甚至可以说是最终版，再次使《时光之笛》成为公众的焦点。《时光之笛 3D》除了以 3D 的形式呈现海拉鲁，还对游戏玩法进行了微妙的改进，充分利用游戏机的内置触摸屏进行物品选择，并采用陀螺仪技术提供动作控制瞄准。此外，它还附带了任天堂 64 原版和《时光之笛·里》，以及一个全新的头目速通模式，让粉丝们磨炼自己的 Z 触发技能。总之，这是对一款经典游戏的极佳升级，彰显了任天堂 64 原版经典游戏在当时的领先地位。

任天堂显然为自己在《时光之笛》中取得的成就感到自豪。它创造了一个最有魅力、最完美的游戏世界，并为所有 3D 冒险游戏树立了一个早期的标杆，而且这一标杆至今仍未以任何具有实质意义的方式被超越。任天堂肯定希望 3DS 版本的游戏能鼓励那些错过了《时光之笛》玩家们捡起这款游戏，去体验它最优秀、最杰出的电子游戏之一。

自《时光之笛》发售以来，任天堂 64 主机较差的视觉效果可能已经让一些人失望，但视觉效果从来都不是《塞尔达传说》的成功之道，以后也不会是，任天堂 Switch 发售时推出的《旷野之息》就证明了这一点。正如我们在一开始所说的那样，一款游戏好不好玩，总是要由你的体验来评判。在任何平台上，都没有哪个游戏系列能像《塞尔达传说》

游戏那样证明这一点。即使有，也很少有游戏能像《时光之笛》那样带给你一次神奇的、令人难忘的且经久不衰的旅程。即使是现在再玩《时光之笛》，它也如同我们第一次体验时那样令人着迷。无论从哪个角度看，它都是电子游戏史上的经典之作，永远不会令人厌倦。▲

» 《时光之笛》中有许多史诗级的头目，它们在屏幕上的雄伟外形和巧妙的攻击模式让游戏变得更加有趣。

» 这些图形在现在看来已经有些过时了，但它们仍像 1998 年时一样，体现出了游戏设计师的深思熟虑。

THE LEGEND OF ZELDA™

MAJORA'S MASK

塞尔达传说：魔力面具

时空英雄在一部本不应该存在的超现实续作中回归

尼科尔·罗宾逊（Nikole Robinson）

　　《魔力面具》仅用一年时间就完成了创作，游戏里严格的时间限制和持续的高压环境也反映了游戏本身的创作和开发过程。1998 年，《时光之笛》一炮而红，重新定义了 3D 游戏，系列制作人宫本茂希望可以既延续这份成功，又进一步利用已有的游戏引擎，所以这款经典游戏最初使用了《超级马力欧 64》的同款引擎，但在《时光之笛》三年的开发过程中，引擎得到大幅修改，最终自成一体。

　　《时光之笛》续作的诞生与 64DD 的失败有很大关系。64DD 是一款面向日本市场的外设，旨在打破任天堂 64 的局限性。《时光之笛》原本计划成为这款新

© Getty

设备的旗舰作品，但由于从光盘读取游戏时，林克的行动范围受到了限制，因此游戏代码被转移到了 32MB 的卡带上。然而，这样做使得可用空间减少了一半，这意味着许多概念、敌人和地点都没有在最终版本中使用。

64DD 的发行一再推迟，甚至在《时光之笛》推出时仍处于开发阶段。任天堂对这项未来的技术仍然抱有希望，所以讨论了通过光盘扩展技术来改进《时光之笛》的计划。游戏的故事内容保持不变，但会对大世界进行改动。敌人会更加强大，地牢的位置和设计也将进行重新设计，旨在为已经通关的玩家带来新的挑战。这个改动的灵感源于《塞尔达传说》完成后解锁的"第二任务"模式，充分利用了引擎删减的内容。

为《时光之笛》64DD 扩展版（暂定名为《里·塞尔达》）地牢进行全面改造的大部分工作都落在了青沼英二的身上，他是《时光之笛》地牢的主设计师和总监之一。当青沼英二重新审视绘图板时，他感到非常沮丧。他花了很长时间来平衡地牢中的谜题、探索和战斗，并认为他已经尽自己所能做到了最好。而且在他的秘密副项目中，他发现比起重新组合过去的作品，设计全新的地牢概念更让他乐在其中。

受此启发，青沼英二鼓起勇气与宫本茂会面，提出了自己的想法，并询问是否可以改为开发一款新的《塞尔达传说》。宫本茂同意了，但有一个条件：游戏必须在一年内完成。为了加快制作速度，这款游戏计划用《时光之笛》的引擎、资源、模型和未使用的素材，但要有全新的地牢、故事元素和任务，以及一些全新的机制。青沼英二深思熟虑后，担任起新《塞尔达传说》故事指导监督的职位，开始了与时间的赛跑。1999 年 1 月，《时光之笛》发布仅两个月后，《魔力面具》的开发工作就开始了。由于这次的团队规模较小，开发时间也只有前作的三分之一，青沼英二需要一个大胆的想法来延续这款被称为全球游戏设计巅峰之作的传奇。青沼英二想知道什么样的游戏才能在如此广受好评的作品之后获得成功，并与同为《时光之笛》监督的小泉欢晃进行了商讨。

小泉欢晃曾参与《众神的三角力量》的故事设计，并创造了《织梦岛》中风之鱼的梦幻世界。青沼英二希望他能为新游戏出谋划策，游戏当时的命名是《塞尔达：外传》，意为支线故事。当时，小泉欢晃正在负责一款警察与强盗题材的桌面游戏，游戏的目标是在一周内抓捕罪犯。虽然这款游戏最终未能完成，但它的核心部分成为《魔力面具》的灵魂。

小泉欢晃从他的桌面游戏中汲取灵

» 如果不帮助罗玛妮阻止外星人的入侵，她最终就会变成植物人。

112

» 在魔力面具的作用下，林克的对手骷髅小子变强了。

» 第一个变身场景源于青沼英二在制作过程中做的一个噩梦。

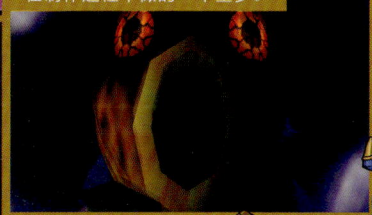

感，同意与青沼英二合作开发《塞尔达传说》游戏，但前提是游戏的关键元素应该围绕时间的流逝展开。由于《时光之笛》已经有了昼夜循环系统，玩家甚至可以使用《太阳之歌》来控制时间，所以新游戏的基础已经有了。青沼英二和小泉欢晃意识到，一个为期一周的时间循环可以为一个紧凑的游戏世界增添许多内容，从而增加游戏的深度而非广度。不断重复体验相同的时间段，并不断发现新的秘密，全新的探索方式由此产生，它需要玩家多次游玩才能体验游戏的全部内容。在每次循环结束时，玩家必须回到起点，才能继续前进。宫本茂认可了这个概念，因为他喜欢这一概念带来的重复可玩性。

　　《塞尔达：外传》已经有了自己的核心元素，而且因为《塞尔达传说》 ▶

113

杰作的延伸

与前作相比，《魔力面具》有以下几种不同的元素

时间限制

你要在三天内拯救塔米尼亚，屏幕下方会出现一个不断滴答作响的时钟，提醒你时间不多了。72 小时的循环大约需要 54 分钟的现实时间来完成，这意味着游戏中的 1 小时只相当于现实中的 45 秒左右。你可以决定怎样利用这段宝贵的时间。

操控时间

在观星台或贸易所，与时尚的稻草人跳舞，可以让时间跳到下一个黎明或黄昏，但他也会暗示你用乐器来达到同样的效果。《双倍时间之歌》可以让你自己跳过时间，而《倒转时间之歌》则会将时间放慢到正常速度的三分之一。

人际网络

与其他《塞尔达传说》游戏相比，《魔力面具》更注重与游戏世界中居民的交流，这是你获取信息和推进游戏的重要渠道，尤其是在大量多日支线任务中。某些对话和事件只会在特定的时间发生，而戴上面具，人们也会有不同的反应。

寻找精灵

四个地牢中的每个地牢都有 15 只迷路精灵等着你去寻找和解救。有些精灵藏在箱子里，有些在打败敌人后出现，但有些隐藏得很深。虽然任务是可选的，但额外花时间找到隐藏在地牢中的全部迷路精灵是值得的，因为你会获得一些在新的周期开始后依然有效的道具。

重置

在塔米尼亚，你所做的事情并非都是永久性的。一个周期一旦结束，或者你决定让时间倒流，你在这个周期里取得的所有进展和帮助过的人都将被重置，包括已经完成的地牢挑战，只有林克会记得发生过的事情。你还会失去箭、炸弹和所有未存入银行的卢比。

▶ 系列之前就有时间旅行的概念，所以此番设定并不会显得突兀。现在是时候围绕这一核心元素展开创作了。林克离开了熟悉的海拉鲁，来到平行世界塔米尼亚。在这个世界里，很多《时光之笛》中的熟悉面孔会有新的故事和个性，这些角色分身也为游戏增添了一种异界的感觉。小泉欢晃将负责打造一个繁华的小镇，重点是真实地描绘小镇居民每天忙忙碌碌的生活。青沼英二将负责大世界的设计，每个基本方向都有特定的主题，与相应区域的地牢相呼应，并居住着不同的种族和生物。

塔米尼亚的故事原本设定在一周的游戏时间内展开，然而青沼英二和小泉欢晃发现这样会让时间线和事件管理变得过于复杂。他们担心玩家重启游戏的时候，可能不愿意花数天时间等待特定事件重现，于是将七天的游戏时间压缩到三天，使故事和事件也得到相应的精简，构建了一个内容丰富且节奏紧凑的游戏世界。这一调整缩短了开发时间，对于时间有限的小团队而言无疑是一大益处。

《魔力面具》紧张又有趣的游戏体验让玩家们既爱又恨。三天的游戏时间限制，再加上时钟镇周围的许多钟面和屏幕上一直在滴答作响的计时器，压力可想而知。人类对时间流逝的恐惧是与生俱来的，我们知道自己的生命有限、时间有限，以及该如何利用时间。游戏中的时间设计使玩家不仅要对抗怪物和恶魔，还要不断与时间赛跑。虽然你有让时间倒流的能力，但进度会随之丢失，时钟会重新开始倒计时。没有人能够逃离时间的束缚，时间无法被战胜。这种设定为英雄的旅途增添了一种无力感，无论林克变得多么强大，他都无法阻止时间前进的脚步，也无法在一个周期内拯救塔米尼亚的所有居民。

更令人痛心的是，月亮即将坠向塔米尼亚。居民们的时间正在流逝，在游戏过程中，他们慢慢接受了这一事实。林克来到这里后，时钟镇的居民开始怀疑这是否真的会发生，有些人感到害怕，有些人则拒绝相信。随着时间的推移，从天空中坠落的月亮变得越来越大，城镇的氛围也发生了变化。街上的人越来越少。面对

Swamp. Mountain.
Ocean. Canyon.
Hurry...The four who are there...
Bring them here...

▶ 多雷尔和查德是骷髅小子的精灵朋友。（图中英文意思：沼泽、山、海洋、峡谷。快点……在场的四个人……把他们带到这里来……）

▶ 这次冒险把玩家从熟悉的海拉鲁带到了即将毁灭的塔米尼亚。

变身能力

三个最重要的面具赋予你三种不同种族的形态和能力

德库果族

在第一个为期三天的时间周期中，你将作为德库林克被困在时钟镇，所以你有充足的时间去适应这个形态。德库林克没有武器，但是按下 A 键时可以发动一个较弱的旋转攻击，来代替闪避翻滚。从大精灵那里获得魔力后，德库林克就可以发射泡泡炸弹。德库林克轻盈的身体让他可以轻松跳过有毒的沼泽地，并且可以利用德库花的花瓣滑翔器将自己发射到空中，自空中投掷德库坚果来击晕敌人。

鼓隆族

在鼓隆族形态下，林克拥有达马尼的全部力量，可以使用强力的拳击和上勾拳组合进行攻击，不过他在战斗中的速度会变慢。按 A 键鼓隆林克会蜷缩成球状，在卷曲状态下按 B 键，会发动一次名为"鼓隆重击"的猛击，可以击碎物体、眩晕敌人并启动开关。在卷曲状态下移动，鼓隆林克的移动速度会加快，且如果有魔力的话，还能进一步提高速度并使他获得带伤害性的尖刺。鼓隆林克不会游泳，但他可以毫发无伤地穿过熔岩。

卓拉族

这个形态让林克可以在海上轻松穿行，极大地丰富了《时光之笛》中简单的潜水功能。卓拉林克可以游向任何方向，按住 A 键可以加速，还能像海豚一样跃出水面。游泳时可以按 R 键触发护盾，制造电屏障进行攻击。在水下按下 B 键，林克就能像穿着铁靴一样在海底行走。在陆地上，按住 B 键可以将卓拉林克的双鳍变成一对回旋镖。

世界末日，他们以各自的方式面对它，并谈论他们日益增长的恐惧。到了最后一天，时钟镇变得异常空荡，留下的人在恐惧中颤抖，有的拒绝相信自己会毁灭，有的则选择接受自己的命运。

> **到了最后一天，时钟镇变得异常空荡，留下的人在恐惧中颤抖。**

月亮坠落是小泉欢晃提出的另一个创意，源自他的一次白日梦。他仰望天空，思考如果月亮坠落到地球上会怎么样，以及人们会对这一灾难性的事件做出怎样的反应。对于一款以时间为核心的游戏来说，末日来临的感觉是再合适不过的了，因此游戏的主线故事和支线任务都是围绕着一个即将面临可怕命运的世界设计的。虽然早期的概念图展示了一个没有任何特征的月亮，但最终版本中月亮痛苦的表情让人倍感不适。当林克又一次试图阻止它致命的坠落时，它一直用那双吓人的眼睛俯视林克。在这里，英雄可能会失败。如果没有玩家的干预，世界仍然会继续发展，月亮越来越近，时间不断流逝。最后一天结束了，世界也随之陷入一片火海。

　　近藤浩治用配乐将月亮坠落的氛围烘托得淋漓尽致。时钟镇每天都有不同的音乐。开始时的音乐欢快而喜庆，小镇的人们还在为节日庆典做准备。到了第二天，音乐中的不安开始蔓延，节奏加快，乐器的使用减少，陶笛的声音在相对柔和的背景音乐中显得格外突出，尤其是在雨天的映衬下，更有一种淡淡的忧伤。到了最后一天，音乐节奏变得急促，背后还伴随着一段低沉的弦乐，加重了焦虑感，让人感觉有点不对劲。但真正让人不寒而栗的是最后时刻的音乐：在你等待这一切结束时，缓慢而悲伤的弦乐牵动着你的心。

　　《时光之笛》也有黑暗的时刻，但无法与《魔力面具》中贯穿始终的绝望、痛苦和无助感相比。《魔力面具》是为资深玩家设计的，因此完全没有新手教程，但它通过剥夺林克所有的特殊能力来平衡游戏环境。游戏开始时，你没有任何能力，你只是一个迷失在森林中的孤独小孩，遭到一个调皮小鬼抢劫并受到诅咒。虽然拥

> 由于月亮即将坠落，管理时钟镇的多托鲁镇长正面临着一个难题。（图中英文意思：说话。）

有海拉鲁记忆的玩家会感觉这更有冲击力，但即使是《塞尔达传说》系列的资深玩家也会在这个全新的身体和世界中感到迷茫和困惑。在适应变身成德库果族的状态后，林克遇到了快乐面具商人并很快找到了他的目标，而商人提出了一个林克无法拒绝的条件。

当你打开时钟镇的大门，看到陌生环境中一张张出奇般熟悉的面孔时，你才意识到自己是这片土地上的异乡人。林克注定要拯救海拉鲁，但在塔米尼亚，他只是一个过客。在探索命运多舛的时钟镇时，你会发现人们都太过沉浸在自己的焦虑中，根本顾不上你，尤其是当你被困在孩童般的木头身体里时。即使你恢复了真身，也没有多少人立即向你求助。你会推断出他们的烦恼，并决定帮助他们，因为这是应该做的。你想看看自己是否能…… 治愈这个被诅咒的世界。

时钟镇正如其名，像钟表一样规律地运行着。除非主动干预，否则每个人都会按部就班地生活，但你必须在正确的时间出现在正确的地点，有时还需要特定的道具或歌曲。如果你错过或未能成功与居民互动，就必须吸取教训重头再来。与部分居民的互动完全是可选的，不过帮助他们可以获得很多好处，而且不只是奖励。《魔力面具》中有许多支线任务，极大地丰富了这个小世界。通过探索每个人的故事，你会更有动力去拯救塔米尼亚，因为这些角色让人感觉很真实：他们有恐惧、希望

» 与《时光之笛》相比，快乐面具商人在《魔力面具》中的戏份更加突出。(图中英文意思：你背负着很可怕的宿命，对吗？）

You've met with a terrible fate, haven't you?

» 《魔力面具》的重点虽然不是战斗，但仍有许多敌人需要打败。

和感情。小泉欢晃将自己的真实生活经历融入其中，赋予这些角色真实的情感。你还会面临自己不作为的后果，内疚感会促使你产生在下一个周期帮助他们的想法。

要体验这里情感的全貌，你需要收集面具——这是《时光之笛》中也有的元素，但没有得到充分体现。在塔米尼亚中，面具被赋予了更深刻的含义和一系列的能力。虽然海拉鲁的一些居民对林克佩戴不同面具有所反应，但在这里，林克可以利用面具来触发别人的情感，并解除困扰这片土地的许多诅咒。林克收到的每个面具都与把面具托付给他的人的感情和记忆紧密相连，即使他回到解决他们的问题之前，面具也会让他想起自己帮助过的人。

三个变身面具蕴含着逝去灵魂的遗志。林克用他的歌声安抚躁动的亡灵，让他们得以安息。戴上亡灵留下的面具后，

林克能感受到他们的遗憾，包括生前未完成的事情和留下的朋友。他继承了逝者的遗志，发誓要代替他们纠正他们未能改正的错误。他化身为他们曾经的模样，无私地在塔米尼亚的每一个角落施行拯救。因为戴着面具，林克并不会被人们铭记为英雄。每个种族在自己的蒙面英雄帮助下得以解放，但正因为如此，他们都没有意识到自己失去了最珍视的人。

痛苦和失落遍布塔米尼亚的每一个角落。德库的南方沼泽毒气弥漫，他们的公主失踪了；雪丘被困在永恒的寒冬中，鼓隆人饱受严寒之苦；大海湾正面临气候变化和卓拉偷蛋海盗的威胁；伊卡纳峡谷是一个被亡灵诅咒笼罩的地方。无论从时钟镇的哪个方向出发，每个地方都有各自的问题需要解决，此外，还有月亮坠落的威胁。要想成功探索每一个地方，你要熟练使用自己的面具，完美融入当地居民，取得他们的信任，方能进入他们神圣的庙宇。

虽然《魔力面具》只有四个主要地牢，但到达这些地牢本身就不是一件容易的事，这样的设计让你为地牢的解谜主题做好准备。这四个地牢的设计都非常精妙，充分利用了三维空间。你需要了解神庙的建筑结构并拥有很好的空间想象能力才能顺利通关。探索是关键，你需

» 骷髅小子很调皮，因为他经常恶作剧，所以大多数塔米尼亚人都不喜欢他。

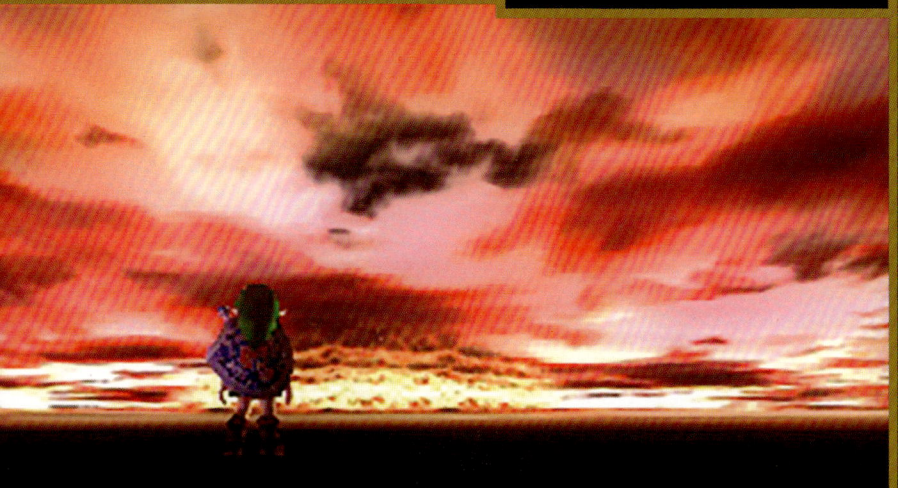

» 如果你玩到最后一秒，你会看到世界在大火中毁灭。

要穿过相互连接的房间并了解它们的布局。但由于时间紧迫，探索会更加困难。林落之地的神庙需要你熟练掌握德库林克的能力；雪丘的神庙需要你想象每个房间与中心支柱的连接方式；大海湾的神庙需要你注意管道颜色和水流变化；石塔的神庙需要你绘制地板和天花板的布局，而且它还会考验你的变身能力，你需要结合旅程中获得的一切智慧来解决。

虽然在《时光之笛》之后再出一个英雄故事是一个更轻松的选择，但制作团队勇于去尝试新想法和不寻常的概念，让《魔力面具》

《魔力面具3D》

2015年的3DS重制版不如原作那么有神秘感

重制版不仅让成年人重温童年记忆中的《魔力面具》，还为很多人提供了初次体验这款游戏的机会。任天堂认为这是一次好机会，能对任天堂64上匆忙制作的《魔力面具》进行优化。青沼英二做了一份清单，列出了他认为过于苛刻或有所遗憾的地方。许多玩家喜欢原版游戏的离奇风格、难度和无引导设计，所以他们担心这些元素会因为迎合大众口味而被取消。不幸的是，后续的改动证实了他们的担忧是有道理的。头目战被彻底改造，头目有了特定的机制，且在某些情况下还有完整的额外阶段。此外，头目还有了明显的弱点。虽然有些战斗变得更加动态，但并非所有战斗都得到了改进，奥多佤和双子莫多就受到了一定程度的影响。

时钟的特征不再那么突出，三天的时间以数字而非指针式显示在屏幕底部。炸弹小子的笔记本改进了，但提示方式变得更加唐突，炸弹小子会追着林克向他发出提示。之前只能使用《时间之歌》进行存档的限制也被完全取消，玩家可以随时在任意的猫头鹰雕像处进行存档。这些改动减弱了《魔力面具》的独特性，而它与其他《塞尔达传说》游戏的共同元素让这部风格迥异的续作更符合系列的现状。虽然明亮的画面颇具特色，但和游戏原本黑暗与末日般的氛围并不搭，削弱了游戏的冲击力。

最终不是一款拙劣的模仿之作。更令人惊叹的是，他们只用了一年时间，并借用了其他资源完成了制作。《魔力面具》无疑与系列中的其他作品格格不入，它的黑暗程度之深，连《黄昏公主》都没法和它相提并论。《魔力面具》是一款有争议的作品，许多人抱怨它的难度过高，而且只关注支线故事，但它赢得了那些在冒险中寻求一点存在主义的玩家的追捧。

《魔力面具》最吸引人的地方在于它留下的许多谜团。即使在多次通关之后，仍然会有一些得不到答案的问题让你再回到游戏中，看看自己最终能否解开所有的谜团。这是一款即使放下控制器，也会在你的脑海中萦绕多年的游戏，无论你感到的是懊恼还是满足。至于你是永远告别这款游戏，还是暂时离开一段时间……这都取决于你。▲

» 图中英文意思：《塞尔达传说：魔力面具》3D 特别版。

» 图中英文意思：收起。

THE LEGEND OF ZELDA™

ORACLE OF

AGES & SEASONS™

塞尔达传说：不可思议的
果实

卡普空首次涉足《塞尔达传说》世界，对整个系列产生了深远的影响，这种影响至今仍然可以感受到

马修·佩莱特（Matthew Pellett）与德鲁·斯利普（Drew Sleep）

一提到成对的游戏，人们马上就会联想到《宝可梦·红》《宝可梦·蓝》：由于每个版本都有一些小增减，所以这一款核心游戏分成了两个版本发行。然而，除了《宝可梦》外，这种概念似乎很少见，这也合乎情理。对任何游戏开发商来说，无论两款游戏多么相似，要在同一天发布都是一项艰巨的任务。

卡普空并不满足于走简单的路，他们对《塞尔达传说》系列的首次贡献不仅是同时发布两款游戏，而且发布的还是两款独特的游戏。《时空之章》和《大地之章》是一组雄心勃勃的游戏，不但给予完成游戏的玩家奖励，而且还通过联动机制，为完成两款游戏的玩家提供更宏大的冒险。

1999 年，卡普空旗下的 Flagship 工作室正在寻找项目。工作室负责人冈本吉起与《塞尔达传说》的创作者、任天堂的传奇人物宫本茂会面，提议让 Flagship 为 Game Boy Color 重制初代《塞尔达传说》，将林克的首次冒险带给新的玩家。冈本吉起在与宫本茂讨论后，接到了六款《塞尔达传说》游戏制作任务，其中两款基于现有游戏制作，另外四款为原创游戏。

冈本吉起按原计划首先重制初代《塞尔达传说》，因为这将是他的团队熟悉流程的绝佳机会。随着工作的开展，由总监兼设计师藤林秀麿率领的团队发现，重制工作并不像冈本吉起设想的那么容易。到 1999 年，团队发现与当时的现代游戏相比，初代《塞

» 林克在推巨石方面很在行，但他可能得之后再回来解决这个游戏早期的难题。

尔达传说》是一款非常难的游戏，所以他们需要做非常多的改动，几乎等于是要全面修改。藤林秀麿向冈本吉起请求跳过重制版，转而制作一款原创的《塞尔达传说》游戏。

> **❝ 这两款游戏于 2001 年同时发布，当时正值 Game Boy Color 生命周期的末期，它们是这个系统的最后杰作。❞**

Flagship 工作室再次找到宫本茂，请他指导下一步该怎么做，宫本茂提议制作一个三部曲系列，每部游戏侧重于不同的玩法。这个项目被称为"三角力量三部曲"，每部分别代表勇气、智慧和力量。

受到这个激动人心的新设想的鼓舞，Flagship 工作室重新开始了工作，并为游戏加入了各种元素，例如冈本吉起构思的联动功能，用这个功能将两款游戏连接起来，组合成一个连贯的主题。然而，开发团队的野心最终导致了第三款游戏的取消。现在看来，这也许是一个明智的抉择，因为他们为现在被称为《不可思议的果实》的游戏投入了大量的爱和精力。这两款游戏于 2001 年同时发布，当时正值 Game Boy Color 生命周期的末期，它们是这个系统的最后杰作。

在《大地之章》和《时空之章》中，海拉鲁英雄林克将前往两个截然不同的地区，并战胜两个新的敌人：贝兰和戈尔工。在《大地之章》中，这个新地区是霍拉多姆，林克在那里遇到了舞者丁妮。而在《时空之章》中，林克来到了拉布伦鲁，并在那里遇到了歌手娜茹。丁妮和娜茹的真实身份是大地的巫女和时之巫女。当她们被绑架后，林克踏上了两段截然不同的救援之旅。

两款游戏首先要做的都是找到玛卡树。在《大地之章》中，玛卡树是雄性的，而在《时空之章》中，玛卡树是雌性的，就像海拉鲁的德库树一样，作为各自世界的守护者，但只有找到散落在世界最深处、最黑暗的地牢中的八种大地的真理或时空的真理后，它们才会帮助你。Flagship 的雄心壮志令人惊叹：每款游戏都拥有独特的土地和地牢，不仅如此，它们还有截然不同的游戏机制，这非常出色。

正是这些独特之处，让《不可思议的果实》系列在《塞尔达传说》游戏中脱颖而出。当然，它的冒险基础设定对于玩家来说是非常熟悉的，特别是对于那些在最初的 Game Boy 上玩过《织梦岛》的玩家来说。用户界面、精灵形象和整体操控方式都非常熟悉，你可以将林克库存中的物品分配到 A 键和 B 键上。不过，虽然和之前的游戏有相似之处，但这两款 Game Boy Color 游戏有着明显的不同之处，它们不同于《宝可梦》游戏一贯推出的区别很小的双版本。《大地之章》是一款以动作为主的游戏，林克可以在大量的战斗中尽情挥剑；而《时空之章》则更加注重解谜，引领这位勇敢的蒙面英雄解决一些设计巧妙的难题。在这两款游戏中，你还是可以看到最初的三角力量三部曲的设计理念：《大地之章》崇尚勇气或力量，而《时空之章》则明显崇尚智慧。

由于有了时之竖琴和四季之杖（不难猜出哪件道具属于哪款游戏），这两款冒险游戏之间的区别就更加明显了。在《时空之章》中，使用竖琴可以打开屏幕中任意隐藏的时间传送门，让林克在拉布伦鲁的过去和现在之间穿梭，改写历史。不同的时间线上有不同的世界，结合起来就构成了一场宏大的冒险。

而《大地之章》中则不是两个世界，实际上，它有五个世界。四季之杖赋予使用者改变季节的力量，这意味着林克一旦解锁了四季之杖的全部力量，就能在霍拉多姆的春、夏、秋、冬四个季节之间穿梭。每个季节都有新的环境特征。在某些情况下，林克必须穿越到冬季，才能穿过一棵在其他季节都无法挤过的枝繁叶茂的巨树；或者切换到夏季，才能使湖泊干涸，进入原本被淹没的洞穴。第五个世界是地下的乌拉世界——一个熔岩涌动的地下世界，这里有无数的秘密和神秘的乌拉族人。

这两款独立的游戏可能已经能让大多数《塞尔达传说》游戏粉丝满意了，然而，

在《时空之章》中获得波尔钟后，会触发一个交易任务，肯定有一位无知的邮差需要它……（图中英文意思：你获得了波尔钟！）

125

》卡诺会鉴定你的魔法戒指，甚至会让你在《大地之章》和《时空之章》之间进行交易。

卡普空和 Flagship 工作室的创新远远超出了人们的预期。单独来看，《不可思议的果实》系列与其他《塞尔达传说》游戏一样宏大且优秀，但这两款游戏可以通过 Game Boy 的连接线或内置密码系统来联动。联动游戏有四个主要原因：第一，交换隐藏在两款游戏中的 64 个提升属性的戒指；第二，延续剧情元素，即某些 ▶

> 这两款独立的游戏可能已经能让大多数《塞尔达传说》游戏粉丝满意了，然而，卡普空和 Flagship 工作室的创新远远超出了人们的预期。

黄金搭档

探索《不可思议的果实》系列的关键元素

丁妮

大地的巫女，拥有控制四季的力量，所以戈尔工将军要把她囚禁起来，让世界陷入混乱。

娜茹

时之巫女，控制着时间的流动，并被童年好友拉尔夫保护着。当她被反派角色贝兰附身时，她穿越时空回到过去，篡改了历史。

戈尔工

为双子妖婆效力的黑暗将军，正在寻求复活盖侬的办法。他试图抓住丁妮，并淹没四季神庙。

贝兰

这位女巫把悲伤带到拉布伦鲁，以此协助双子妖婆复活盖侬。她通常以精灵的形态出现，但在战斗中会变成甲虫、蜜蜂或蜘蛛。

娜茹和丁妮都有着与海利亚的
神相同的名字和颜色。

磁力手套

《大地之章》中的
道具，它能让林克
跨越裂缝、撕开铁
面人的盔甲、翻转
磁石、解开两极谜
题，以及使用巨型
武器击败头目。

交换钩索

只能在《时空之章》
中使用。它本质上
是一个钩爪，但能
让林克和他抓住的
物品交换位置。

双子妖婆

两款游戏的灾祸都
是双子妖婆策划
的，只有当玩家在
两款游戏中击败它
后，它才会露出真
面目。它一直试图
彻底复活盖侬。

魔法戒指

包含 64 件首饰，佩
戴后可为林克赋能，
其中有些只能通过
交 易 或 在 Game
Boy Advance上玩
游戏获得。

» 利基是一只拳击袋鼠，玩家在每个游戏中都可以用利基的长笛召唤它。

» 在这两款游戏中，环境会根据玩家所处的时代或季节发生细微变化。

▶ 角色会记得林克在前作中的行为；第三，解锁新道具，获得超强装备；第四，体验改编的故事，与额外的头目战斗，并看看真正的结局。

　　Flagship 工作室虽然在开发《不可思议的果实》过程中进行了重新思考，先是放弃对初代《塞尔达传说》的重制，然后又将三部曲缩减为两部，但这个子系列仍是《塞尔达传说》系列中最复杂的作品之一。不仅如此，这些游戏在评论界和商业界都获得了成功。IGN 和《任天堂力量》等媒体都给游戏打出了满分，而《Fami 通》的评审团则给《大地之章》打出了 31/40 的高分，给《时空之章》打出了 30/40 的高分。虽然两款游戏的得分非常接近，但大家一致认为《大地之章》的游戏体验更好，因为它侧重于容易上手的战斗，而且四季的变化给了 Game Boy Color 的图形功能更多发挥的机会。

　　《不可思议的果实》系列游戏对整个《塞尔达传说》系列也产生了非常大的影响。任天堂对游戏很满意，于是继续与卡普空保持合作关系，并于 2002 年为 Game Boy Advance 制作了《众神的三角力量》的移植版和有多人游戏这一全新要素的《四支剑》。2004 年，同是为 GBA 开发的《不可思议的帽子》问世，双方的合作达到了前所未有的高度。

　　虽然任天堂后来决定终止与卡普空的合作，但《不可思议的果实》系列游戏的总监藤林秀麿仍在参与《塞尔达传说》游戏的制作。他为该系列一些当代杰作提供了很多创意，指导过《不可思议的帽子》《幻影沙漏》《御天之剑》，以及最重要的《旷野之息》及其续作《王国之泪》。

　　下次当你解开神庙谜题恍然大悟时，或者在《旷野之息》中沉迷于各种接近莫力布林营地的方法时，应该记住，今天《塞尔达传说》游戏的辉煌可以直接追溯到 Game Boy Color 上雄心勃勃的《不可思议的果实》系列。▲

» 总的来说，游戏的核心玩法与原版 Game Boy 上的《织梦岛》相似。

» 与海拉鲁一样，拉布伦鲁和霍拉多姆也是探索的乐园，那些吸引人的道具就藏在你够不着的地方。

THE MAKING OF

THE LEGEND OF ZELDA the Wind Waker™

塞尔达传说：风之杖

有些人仍然认为这是一个失败之作，因为他们觉得这个系列已经迷失了方向，但深究下去，你会发现这款游戏比之后的任何一款都更接近原作。让我们扬帆起航，寻找这个令人惊讶的真相吧……

卢克·阿尔比格斯（Luke Albigés）

» 在海上航行是很放松的，至少在日落之前是这样的……（图中英文意思：跳跃、收起、自由视角。）

你很可能已经认定了自己最喜欢的《塞尔达传说》游戏，而且似乎每个人都是这样的。许多人喜欢引领该系列游戏步入 3D 时代的杰作《时光之笛》，16 位游戏机的忠实粉丝则只认《众神的三角力量》，许多新玩家往往独爱《旷野之息》，而 GameCube 上宏大的《风之杖》就不那么受欢迎了。《风之杖》在结构、机制和风格上都有很大的自由度，使得这款游戏在整个系列中显得格格不入。但这是否就意味着它是一部失败之作呢？当然不是！虽然你可能无法直接从它独特的视觉效果和海洋设定中感受到，但它其实比任何其他《塞尔达传说》游戏都更接近 NES 上的初代作品。

> **❝ 我在为红狮王号撰写台词时，感觉像是在和自己的儿子对话。❞**
>
> ——青沼英二

在与青沼英二的交谈中，我们了解到林克在浩瀚大海中的主要伙伴的设计灵感源于他的亲身经历。他回忆说："我们在制作《风之杖》的过程中，我的儿子正好出生了。作为新晋父亲，我在为红狮王号撰写台词时，感觉像是在和自己的儿子对话。这艘会说话的小船会带着林克开始他的冒险。"这种情感是很美好的，但青沼英二对此并不是那么满意。"现在回顾那段文字，我觉得它好像很自负，强迫林克跟着它走。我有点后悔给它这样的设定，所以在重制版中把他说话的方式改得温和了一些。"

但是，如果时间倒回到那之前，你就会发现开发商处于十分艰难的境地。在《时光之笛》及其宏大的续作《魔力面具》让大家感到非常惊喜和震撼之后，任天堂发现自己陷入了一个棘手的境地。新的游戏机意味着所有的经典角色都必须回归——马力欧必须带上多余的喷气背包，我们将第一次通过萨姆斯的眼睛看到这个世界，但林克呢？宫本茂在 2004 年的一次采访中解释说："在《魔力面具》制作结束时，我们就知道 GameCube 将成为我们的下一个平台，因此我们必须开始为此进行规划。我们之所以能在 2000 年的"太空世界"上向大家展示更逼真的《塞尔达传说》游戏战斗场景，是因为我们在完成《魔力面具》之前就已经对游戏机进行了一些初步实验。那之后，我们才开始与监督和程序员合作，着手制作《风之杖》。"

但是，"太空世界"上的演示版与实际开发中的游戏之间存在着显著的差异。任天堂的岩田聪回忆说："当时的宣布震惊了《塞尔达传说》游戏的粉丝们，很多人都感到惊讶和不解。"的确如此，"太空世界"的技术演示（事实证明那就是它的全部）展示了一个成熟的林克，而游戏本身却截然不同。宫本茂坦言："当我第一次看到卡通渲染风格的《塞尔达传说》游戏时，我感到非常惊讶和兴奋。然而，当我们第一次展示这款游戏时，媒体的反应却让我很震惊。他们都说：'难道任天堂现在要把《塞尔达传说》的目标群体转向儿童吗？'实际上，我们当初的设想是把它当作一种富有创意的新方式来呈现林克。但它突然间就被解读为任天堂的新战略，这对我们来说是个冲击。"

就这样，美术风格的改变几乎一夜之间在粉丝群体中引发了分歧。青沼英二说："当意想不到的事情发生时，人们的第一反应就是警惕。我们预料到展会上会有负面反

先知为快

发行商：任天堂

开发商：任天堂情报开发本部

发行时间：2002 年

平台：GameCube

游戏机类型：冒险

和红虎鲸训练会让林克得到他的第一把剑，非常好。

应。我并不后悔，但有的人说这个版本的《塞尔达传说》游戏看起来很幼稚，我们后来做的任何公关活动也都无法消除大家的这种印象。由于《风之杖》做了很大的改动，我们遇到了很多问题。"

宫本茂还希望大家知道，这并不只是为了改变而改变。他解释说："说到任天堂的战略，我们不是要为孩子们制作游戏，而是希望在吸引更多受众的同时，让游戏更有创造性。显然，我们把游戏当作一种娱乐，我们希望找到最好的方法，让每个人都能体验到游戏的乐趣。"但为时已晚，许多《塞尔达传说》的忠实粉丝已经因为新游戏的卡通风格视觉效果而放弃了它，而更多没有改变想法的玩家则在 PS2 和 Xbox 上追求不可能实现的逼真感。在艺术风格方面，时间是克隆最好的朋友。Wii U 上更新的高清版本证明，《风之杖》的艺术风格是经久不衰的——只需稍加整理，它就会立即成为 GameCube 升级版主机上视觉效果最佳的游戏，而相比之下，任何同一时代的 PS2 游戏都要花费数万个小时的开发时间才能达到同样的水平。

在这方面，《风之杖》首次与《塞尔达传说》系列的起源有了相似性。无论时间过去多久，无论有多少逼真的游戏问世，《风之杖》的艺术风格依然很出色。在《风之杖》中，林克生动又简洁的造型也是如此，这是一种经久不衰的艺术风格，并不执着于追逐最新的技术或潮流，因此它在今天看来依然令人惊叹。但宫本茂自己也承认，《风之杖》之所以能获批，并不是因为它的风格，而是因为这种风格的适用性。

他回忆说："我们并非刻意追求卡通渲染风格，更多的是因为我们对游戏中林克的比例感到非常满意。我们很高兴看到游戏包装上的美术风格与游戏中的高度统一。之前的《塞尔达传说》游戏在 Game Boy 和家用主机上的艺术风格并不统一，而且包装的艺术风格也与游戏中的不一致。我们真的很想减少这种情况的出现，让玩家可以在不同的平台上看到相同的林克。"

在 2004 年的同一次采访中，设计总监泷泽智插话说："我们一直在探索下一款《塞尔达传说》游戏的图像风格。我们一直在想，继续沿用《时光之笛》的画面风格，并在此基础上进行改进，赋予它更多的细节，是否真的是一条正确的道路。""太空世界"上的演示无意中向世界展示了一款不会在短期内推出的《塞尔达传说》游戏，但任天堂在视觉和游戏层面都对自己的决定充满信心。泷泽智继续说道："这种视觉效果的另一个好处是，我们能以更易于理解的方式来展现谜题的机制和物品。当视觉效果非常逼真时，反而会产生消极效果，让游

» 我们不需要别人告诉我们剑是怎么用的……
（图中英文意思：你接受了英雄之剑！按 B 键来挥舞它。）

图中英文意思：自由视角。

你可能要躲开那个又大又亮的橙色标识。

戏的信息更难呈现。"

但《风之杖》的争议点并不仅限于它的风格，还有它的设定本身。在《时光之笛》中，波涛起伏的海浪取代了连绵起伏的山峦，这是一个颇具争议的转变。但同样，它比大多数作品更能让人回想起该系列早期的冒险。《时光之笛》和《魔力面具》都很好地营造了一种自由的错觉，但在《风之杖》中，有了自己的船（一旦得到红狮王号的允许），你就可以在翻滚的海浪上自由航行。在早期的游戏中，打乱顺序只会让游戏进行不下去。然而在这里，主线的路虽然可能会被堵死，但仍有其他可以调查和探索的地方——地图上有 49 个主要岛屿，不论你有没有钥匙，每个岛屿都会让你有事可做，有些岛屿会提供额外的奖励，另一些岛屿则纯粹是在你获得某些关键装备后给予丰厚的奖励。绘制整个海景地图本身就是一种奖励，喂鱼以填满地图的同时，玩家都在脑海中（如果你是硬核玩家，还可以在图纸上）规划解 ▶

135

快乐的时光

林克的第一次海上探险中，有许多精彩的瞬间。以下是其中几处最精彩的片段……

图中英文意思：在某个小岛上，男孩成年后穿绿色衣服成了一种习俗。

On a certain island, it became customary to garb boys in green when they came of age.

迄今为止的故事

■《风之杖》不仅是该系列中少数几款承认林克过去冒险经历的游戏之一，还以一种醒目的方式做到了这一点。游戏一开始就通过木雕图画和带字幕的民间传说（为那些不会说海利亚文的人准备）来讲述海拉鲁的历史。这次冒险的神话基于林克在旧版游戏中的经历，这简直是天才般的设计。

是时候说再见了

■你不能永远待在初始之岛，你知道的。在爱丽儿被绑架、林克接受了短暂的剑术训练之后，是时候离开家园去冒险和寻找失踪的妹妹了。镇上的居民们聚集在海滩上，而最后，当林克的奶奶在远处默默注视的画面出现时，才真的让人忍不住流下眼泪。

图中英文意思：航行、收起、自由视角。

我的第一个沉没宝藏

■在海上航行的过程中，波浪下会涌出闪闪发光的东西，早期你会觉得很懊恼，但是一旦你拿到抓钩，所有的奖励都会是你的了。利用线索和规律找到藏宝图上的宝藏，你会获得极大的满足感，但就算是普通的宝藏也是一个不错的小惊喜。

沉没的代价

■有了三颗宝珠，你就可以揭开游戏的第一个大秘密——众神之塔。在考验中活下来，你就可以进行一次时空旅行，进入被淹没的海拉鲁城堡，一睹这个世界被海水吞没之前的样子。这一转折既新颖，又能让该系列的众多粉丝感到兴奋。

图中英文意思：我想这是我的天赋。世界这么大，却只有我这一艘会说人类语言的船。

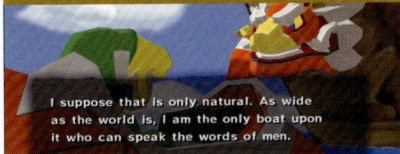

I suppose that is only natural. As wide as the world is, I am the only boat upon it who can speak the words of men.

船会说话？！

■游戏的设定和封面都预示着林克有自己的船并会亲自掌舵，但我们没想到船是活的，这太奇怪了。事实证明，红狮王号是我们英雄的好朋友，尽管我们不能说我们很感激他在早期阻止我们探索这个世界……

巅峰对决

■《塞尔达传说》系列中不乏精彩的头目战，但《风之杖》中与盖侬的最后一战肯定是顶级对决。这是一场史诗级的交锋，很少有现代游戏能与之相提并论，音乐和场景都很好地烘托出这场对决的氛围和重要性。但你要如何打败他呢？嗯……那就不能剧透了。

▶锁某些装备后的新探险。

　　探索整个地图的前提之一就是要有风力相助，而这显然是任天堂一直想要带给玩家的设计。宫本茂说："我们很早就希望能在游戏中使用风这个元素了。以前在《马力欧》系列中也设计过有风的关卡，但直到我们能够使用 GameCube 的技术和一些它可能实现的视觉风格，我们才真正能够在电子游戏中展现风吹拂的效果。因此，我们将其视作一种自我挑战，这也是《风之杖》背后的驱动力。"

　　但是，当其他游戏纷纷请来配音演员帮忙丰富角色和故事时，《塞尔达传说》仍然保持用肢体语言和字幕来讲述故事。《塞尔达传说》游戏资深开发者青沼英二解释说："显然，

I can see what you're doing through this stone, and obviously you can hear me through it. So...if you see it, you'd better press that button!

》"嘿！听着！"不，我们可以自己解决，谢谢。（图中英文意思：下一个；我能通过这块石头看到你在做什么，显然你也能通过它听到我说话，所以……在你看到 A 键的时候，最好按下它！）

» 遗憾的是，Wii U 重制版中没有汀空通讯器。（图中英文意思：下一个；他把汀空通讯器交给你了！如果你卡关了或者需要一个快速的提示，把 Game Boy Advance 连接到你的任天堂 GameCube 上，与汀空交谈。）

我们是从以前的《塞尔达传说》游戏中继承了这一点。不用大量配音我们也能在游戏中表达出想要表达的内容。虽然我不能保证《塞尔达传说》游戏会一直如此，但在《风之杖》中这样做是很适合的。而且，玩了多年《塞尔达传说》系列的玩家对林克的声音早已有了各自的想象。如果我们在游戏中加入一个可能与某个人想象不符的声音，可能就会产生负面影响，所以我们尽量避免这种情况发生。"

事实上，《风之杖》的真正魅力在于它大部分内容不需要太多的解释，所以我们当年即使玩日语版也能轻松通关。它不是一个复杂的故事，而是一个因角色和新硬件赋予生命力而变得有趣的故事。青沼英二透露说："在决定采用卡通渲染的风格后，我们认为必须尽可能多地用这种技术，这样我们就能勾勒出游戏世界的自然特征。我们希望展示林克的表情，所以眼睛的设计尤为重要。逐渐地，当我们有了能使眼球转动的技术后，我们开始研究如何利用它。这变成了我们思考如何让林克看起来更生动、更能感知周围环境的自然过程的一部分。正是通过这一自然过程，我们开始在游戏中加入能够吸引林克注意力的物品。"

游戏开发者们像是施展了魔法一样，用一个相对简单的功能改变了整个游戏。林克对周围环境的感知变成了一种提示系统，他的视线会引导玩家注意到关键物品、附近的敌人或解谜物品上。这一切不仅让人感觉非常自然，而且不需要任何烦琐的信息提示界面或类似的、现代游戏常用的方式，就能在

《塞尔达传说》系列的杰出作品

《众神的三角力量》（如图）
系统：SNES
年份：1991 年

《织梦岛》DX
系统：GBC
年份：1998 年

《时光之笛》
系统：N64
年份：1998 年

游戏关卡上有所帮助。宫本茂沉思道："当我们决定以这种方式使用眼睛时，我们考虑过要不要改变整个游戏中林克眼睛的颜色。在游戏中的某些地方，我们设定他在战斗时眼睛是鲜红色的，对此有些人提出了不同的意见。其中一个明显的问题是，只有当镜头在他的正前方时，你才能看到他眼睛的颜色。但是，即使你能看到他眼睛的变化，我们也觉得有点奇怪。因此，我们最终还是放弃了这么做。"

即便如此，林克飘忽的眼神和更加丰富的情感还是成为游戏中最受欢迎和最令人难忘的特色之一——很少有游戏角色能如此轻松地表达出这些情感，而主角能够如此轻易得到广泛理解与认同也是我们在以前的游戏中从未见过的。这是一个巧妙的系统，既能让主角看起来对周围的世界有所了解，又能提供游戏建议——暂停一下，打量一下场景，林克就会用刚被无赖莫力布林吓了一跳的眼神瞥一眼关键物体，他的目光显然被时下最重要的东西吸引住了。即使没有对眼睛颜色进行修改，这种机制也能发挥出色的作用。

《风之杖》拥有探索、创新、自由和美观等诸多优点，人们却没有将其誉为最好的《塞尔达传说》游戏，这简直难以置信。大多数人因怀旧而选择了将《时光之笛》推上王座。然而，《风之杖》勇于冒险，敢于创新，我们认为它至少是一位王子，而且是一位非常帅气的王子。归根结底，许多人因为《风之杖》的艺术风格而对其敬而远之，任天堂也意识到了这一点。但这种冒险最终得到了回报，青沼英二非常喜欢这种风格，并将

» 臣服吧，疯狂大师。在音乐方面，林克可是专业的。(图中英文意思: 返回。)

Return

139

其作为林克在 Wii U 上首次亮相时的首选风格。青沼英二告诉我们："当我们讨论 Wii U 上新《塞尔达传说》游戏的图像风格时，我们参考了很多以前的游戏。《风之杖》是画面最具创新性的游戏，但由于当时硬件条件的限制，它没能充分发挥潜力。多亏了 HD 版本，开发者现在终于可以让它展现出它原本应有的样子。我们之所以决定发布这个版本，是因为我们认为用户也能够体验到这种感觉。"

显然，《风之杖》是重制的首选。

» 在船上用林克的小工具会有不同的效果。
（图中英文意思：收起、自由镜头。）

《风之杖HD》

任天堂如何将最好的GameCube《塞尔达传说》游戏的新版本带给新一代玩家

在通过 3DS 重制版成功将《时光之笛》带给全新玩家之后，任天堂也决定在 Wii U 上重制《时光之笛》，这一点并不让人意外。然而，它随后选择的游戏却出人意料。虽然我们很喜欢《风之杖》，但大多数传言和猜测都认为《魔力面具》是下一个高清重制版。我们很高兴《风之杖》胜出了，因为它的艺术风格非常适合过渡到 1080p。虽然《时光之笛》在 3DS 的小屏幕上看起来很棒，但要在电视大屏幕上获得同样的清晰度，基本上要把整个游戏从头开始重做。而《风之杖》是非写实风格，只需要平滑一些边缘和加一些花哨的新效果，就能看起来完全符合现代经典的风格。

因此，这款游戏的高清版看起来与你记忆中的原版几乎一模一样，但在游戏关卡上做了一些调整。其中一个较长的取物任务已被精简，以改善节奏和流畅度，而升级后的帆则能让玩家不受风向的影响，以更快的速度航行。如果你想继续使用基础的帆，也是没有问题的，但当你探索了地图上的大部分区域之后，能有额外的加速方式其实也不错。它甚至能让航行变得有趣起来，而不再只是滥用快速旅行魔法，这一点还是很重要的。如果你想测试一下自己的技能，游戏中有新的英雄模式来满足你。在这种模式下，林克受到的伤害会翻倍，而且无法通过搜索心之容器或杀死敌人来获得健康之心。

我们只希望任天堂能将这款出色的重制版移植到 Switch 上。

66 我们很早就希望能在游戏中使用风这个元素了。99

——宫本茂

青沼英二向我们透露："我最想重制的游戏是《风之杖》，并想让它更容易上手。我很高兴我能够做到这一点。" 当然，在《风之杖 HD》之后，还有更多重制版随之推出。《魔力面具》经改编后移植到任天堂 3DS 平台，《黄昏公主》和《御天之剑》也有了高清版本，而《织梦岛》则用华丽的立体模型风格进行了全面重制。

青沼英二总结说："我想我们未来会更谨慎些，但如果我们找到了一种开发者和用户都喜欢的新方法，那么我想我们还会再次突破，但我们还没有找到这样的方法……" ▲

» 巧妙的剑术对解除装甲守卫的武装很有帮助。

141

❤❤❤❤❤❤❤❤❤❤❤

改头换面

其他在外观和氛围上有极大改变的系列

《恶魔城》系列

前：《超级恶魔城 4》

后：《恶魔城 X：月下夜想曲》

■在成功推出了一系列硬核动作平台游戏之后，科乐美（Konami）做出了一个大胆的决定，在该系列登陆 PlayStation 平台的首作中引入角色扮演元素。游戏中有属性成长、物品管理，以及类似《银河战士》的鼓励玩家回头探索的地图等元素，难怪它成为后来大多数《恶魔城》游戏的模板。

《炸弹人》系列

前：《超级炸弹人 R》

后：《炸弹人零度行动》

■《炸弹人》从写实风格的改编中获益甚少，几乎没有游戏会这样，还不如把《马力欧卡丁车》里的奇诺比奥改成从加长悍马车里扔钉子炸弹。这款在 Xbox 360 上重启的游戏无论从哪方面看都是一团糟，它甚至还有一个名为"第一人称炸弹人"的模式，但令人费解的是，这个模式是第三人称的。

《异形战机》系列

前：《异形战机》

后：《异形战机 战略版》

■《异形战机》被广泛认为是有史以来最好的横版射击游戏之一，它有着精美的视觉效果、奇特的头目和出色的关卡设计。之后的续作也是如此，直到 2007 年，Irem 公司决定将这个系列转为 PSP 上的回合制策略游戏。起初感觉很奇怪，但最终效果不错。2009 年，《R-Type》又在 PSP 上推出了续作。

《生化危机》系列

前：《生化危机 2》

后：《生化危机 4》

■在《生化危机》系列即将告别 32 位游戏机之前，静态背景、僵尸和夸张的恐怖画面一直是它的主打元素。虽然《生化危机 0》基本上沿用了相同的模式，但《生化危机 4》采用了过肩镜头，使画面变得更真实、更电影化（动作元素也更加突出），为该系列游戏更接近好莱坞风格创造了条件。

《马力欧》系列

前：《超级马力欧兄弟》

后：《超级马力欧 64》

■任天堂在 2D 平台游戏上的优势是毋庸置疑的，但对于一款与新的 64 位硬件同时推出的首发游戏来说，这优势还是不够多，那怎么办呢？借鉴《超级马力欧兄弟 3》的中心世界结构，加入三维元素，同时创造和定义一种新的游戏类型。没错，这行得通。除了银河系列外，它仍然是 3D 平台游戏的巅峰之作。

143

角色之链

林克

①

■如果你不认识这个人，那你可能是读错书了。重生的时空英雄，穿着华丽又实用的绿色套装。

红狮王号

③

■一艘会说话的神奇的船。但是，至少这个特别的《塞尔达传说》游戏伙伴不会每隔三秒钟就对你大喊"嘿！听着！"。

奶奶

⑤

■老年人在游戏行业的描绘中已经沦落到连名字都不配有了吗？看来确实如此。不过，林克的奶奶可是明星。

小玛卡

⑦

■这个来自《幽灵公主》的临时小演员，拉得一手好小提琴，但他的本事远不止这些。 哦不， 我们不只是在说他那酷炫的树叶面具……

佛多

⑨

■风之贤者，也是《风之杖》中唯一出现的科奇里代表。显然，他是原时空英雄的朋友。

瓦鲁

⑪

■一条巨龙，它有一座以它的名字命名的岛屿，还有一位瑞托族女孩照顾它。瓦鲁的生活相当不错，除了有那只不肯放过它尾巴的蜈蚣……

塞克洛斯①

⑬

■第二位青蛙云骑士就没那么友好了——林克必须在飓风中打败他，才能学会《暴风歌谣》。

汀空

⑮

■中年危机的化身。这位精灵崇拜者恰好非常擅长破译地图，不过他的收费之高近乎敲诈。

鱼男

⑰

■地图每一格都有一条会说话的鱼。找到并给它们喂食，它们就会为你绘制地图。

纳吉

⑲

■泰特拉的私人保镖，也是最了解她的船员。他显然比贡佐更强壮，但我们还没有证据证明这一点。

① 也译为雷神。 ——译者注

146

来看看这群把大海称作家的怪人

爱丽儿
■林克的小妹妹，游戏一开始就被一只巨大的鸟绑架了。不过，至少她在被带走之前把望远镜给了你……
2

泰特拉
■对林克手下留情的勇敢海盗。她本该有自己的游戏，名为《泰特拉的追踪器》，但只在日本公开过，而且用的是另一个名字。
4

盖侬多夫
■又来了，你之前可能和这家伙有过几次冲突。为了更符合海盗的主题，这次他似乎更喜欢剑而不是魔法。
6

梅迪丽
■梅迪丽是《塞尔达传说》正统作品中少有的能让你操控的角色之一，所以至少你会因此记住这个角色。这位年轻的瑞托族女孩是瓦鲁的随从。
8

拉露托
■你本以为在海拉鲁被洪水淹没后，卓拉族会没事，但你错了。大地贤者只以灵魂形态出现在林克面前。
10

泽佛斯①
■这只青蛙是风神兄弟里比较厉害的那位，它帮助林克学会了《风之安魂曲》，还说自己的哥哥有点刻薄。
12

克摩力
■胆小的瑞托族王子，他特别依恋一颗能让他心情舒畅的宝珠。你可能会想方设法让他放弃这颗宝珠……
14

特里
■在海上游荡的商人，经营着他的生意。虽然他的朋友们偶尔会带着一些有用的装备，但除了额外的诱饵，他并没有太多有用的东西。
16

贡佐
■泰特拉海盗团的打手。别指望他能提供什么真知灼见，但如果你需要把什么东西砸碎，他绝对是个不错的人选。
18

阿舞
■瑞托族的送信人，在林克的旅途中为他提供了一些明智的建议。他本该去送信的，懒虫。
20

①也译为风神。——译者注

THE LEGEND OF ZELDA

FOUR SWORDS ADVENTURES

塞尔达传说：四支剑+

卡普空在GBA版《众神的三角力量》中多人模式的演变，是GameCube的一大亮点

达兰·琼斯（Darran Jones）

2003 年，《四支剑＋》和《泰特拉的追踪器》一起亮相，特别展示了 Game Boy Advance 和 GameCube 之间的联动功能。任天堂和卡普空此前已经在 GBA 版的《众神的三角力量》中加入了《四支剑》，证明了四人联机《塞尔达传说》游戏的价值。在《四支剑》中，四个林克可以组队通关地牢，同时争夺彼此的卢比。这是一个很棒的想法，尽管细节上不太完善，但还是明显为任天堂新的 GameCube 项目提供了灵感。

几个月后，任天堂宣布将这两款游戏（《四支剑》现称为《海拉鲁冒险》，而《泰特拉的追踪器》则改为《娜薇追踪器》）

与朋友组队游戏非常有趣，但需要一台 GameCube 和至少三台 GBA，要求很高。

» 如果你是自己玩，你可以把四个林克组合成各种阵形。

（Navi Trackers））整合在同一张光盘上，并加入第三款游戏《影子战斗》（Shadow Battle）。《娜薇追踪器》在当时听起来特别有趣，因为它有语音导航系统，可以识别玩家的名字并在轮到他们玩的时候通知他们。可惜的是，只有日本玩家才能体验到这个系统。然而，即使西方版本的《四支剑＋》只有两款游戏，但对于任何《塞尔达传说》粉丝来说都是非常重要的。

　　《四支剑＋》的核心是精彩的"海拉鲁冒险"，它在卡普空原创的 GBA 多人游戏模式上进行了极佳的扩展。

　　与绝大多数《塞尔达传说》游戏不同，《四支剑＋》设定在八个不同的世界中，每个世界都分为三个较小的关卡，包括海利亚湖和卡卡利科村等著名地点，并且总是以激动人心的头目战结束。这与《时光之笛》和《风之杖》传统的广阔世界截然不同，但它完美地契合了《四支剑＋》游戏机制中更偏向街机风格的特点。

　　当你独自玩游戏时，你通常控制一个林克，其他三个会跟随你（别担心，如果有需要，你可以单独控制任何一个林克）。使用连接线联机时，你需要掌握四种不同的阵形风格，包括从防御到设置攻击策略和解决谜题的所有内容。虽然开始的时

149

候很难掌握，但你很快就会习惯这种新机制，并且很快就能不假思索地激活开关、切换攻击阵形和投掷比你大许多倍的巨石。

当你和朋友一起玩时，街机风格的节奏会进一步加快。虽然你需要和朋友合作才能前进，但力量宝石的引入也可能会导致队友之间的争吵。在游戏的某些时刻，屏幕上会出现大量的宝石。当你急于收集所有宝石时，会立即引起疯狂的骚动。收集宝石也会有奖励，因为它会让你的剑变得更加强大，并让你能够在每个关卡结束时打破封印。

八款有趣的迷你游戏的加入，让朋友之间的竞争愈加激烈，这些迷你游戏包括赛马、收集怪物等。此外，我们不应该忘记独立的游戏《影子战斗》，它让你与同伴对战，直到场上只剩一个林克。事实上，多人游戏的唯一缺点就是它需要四台Game Boy Advance 和连接 GameCube 与 GBA 的适配器才能玩。

虽然和朋友一起玩《四支剑＋》可以获得很多乐趣，但即使独自玩，你也可以体验到冒险的精彩，这点值得庆幸。不可否认，故事有点矫揉造作——如果你以前玩过《塞尔达传说》游戏，你可能很容易就猜到结局，但制作团队投入的爱和关注会令你忽略这点。

由于其独特的设计，你只能玩原版游戏，这意味着这款游戏在复古游戏市场上

绝不仁慈

是什么令《四支剑＋》如此特别？

与我连接
将四部 Game Boy Advance 连接起来不仅是一项创新性的尝试，而且它的实际效果也非常好。当然，你要先找到另外三个有 GBA 的人……

老派酷炫
我们非常喜欢每次进入某些地牢时出现的侧面滚动部件，这让我们立刻想起了被严重低估的《塞尔达传说 2：林克的冒险》。

GBA 可选
即使你没有 Game Boy Advance，也可以玩《四支剑＋》。每次你进入房屋或山洞时，电视上就会出现模拟 GBA 屏幕。

林克的普通旋转攻击非常有趣，那么四重旋转攻击呢？非常华丽。

头目自然也是游戏的一大亮点，每次胜利都会让玩家获得大量的宝石。

的价格上涨了（尤其是更奢华的带有连接线的套盒）。如果你想和朋友一起玩，还需要购买额外的 GBA 和连接线。

我们之所以还在惦记着这款独特的街机风格的海拉鲁之旅，是因为它是一款非常有魅力的小游戏，让人想不停地重玩。虽然不可否认《四支剑＋》的主要乐趣来自与最多三个朋友一起玩，但《海拉鲁冒险》的单人模式也同样有趣。单人模式一系列巧妙的谜题和头目战会让你在完成漫长的单人任务后久久不能忘怀。

当然，对于任何《塞尔达传说》游戏迷来说，这个故事矫揉造作，而且可能过于老套。太可爱的视觉效果也不会吸引所有人，尤其是《时光之笛》和《黄昏公主》的狂热粉丝，但创新的游戏机制、巧妙设计的关卡和疯狂的街机动作会不断地吸引你回到海拉鲁美丽的世界。▲

两个世界
游戏选择的图像风格起到了桥梁的作用，它融合了《众神的三角力量》的老式视觉效果和《风之杖》的卡通渲染效果，创造出一种独特的美学风格。

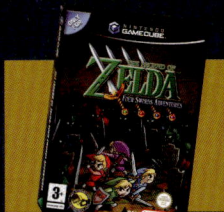

单机版
虽然有附带连接线的大盒版，但也可以单独购买游戏。如果你没兴趣和朋友玩，那么这是更实惠的选择。

THE LEGEND OF ZELDA

The minish Cap

塞尔达传说：不可思议的帽子

地牢数量的减少和规模的缩小丝毫没有降低本作的可玩性

尼科尔·罗宾逊（Nikole Robinson）

在 Game Boy Color 上的《大地之章》和《时空之章》取得双重成功后，卡普空及其现已解散的子工作室 Flagship 开始为新发布的 Game Boy Advance 打造全新的《塞尔达传说》游戏概念。藤林秀麿回归担任该项目的总监，而 3D《塞尔达传说》专家青沼英二则负责监督开发工作和确保游戏维持《塞尔达传说》系列的风格。

构建游戏世界首先要做的是确定一个独特的主题，就像《不可思议的果实》系列用时间的流逝和季节的更迭来充分利用游戏卡带有限的空间，创造出广阔而动态的场景一样。在《不可思议的帽子》中，他们提出了让林克改变大小的核心概念，这样一来，玩家可以用新的方式探索熟悉的地点，体验小人族视角带来的独特玩法。《塞尔达传说》系列一直都喜欢用对称的元素——光明与黑暗、过去与未来、成人与儿童等，而"大小"正是他们用来连接两个截然不同的世界的又一种方式。

虽然任天堂通常会从创建潜在的游戏资源开始游戏开发，但卡普空的做法不同。设计师们将他们对项目的热情倾注到充满活力和奇思妙想的概念艺术中——有些展示了一种新的、小小的、像精灵一样的生物种族。这让人想起世界各地寓言中出现的棕精灵、精灵和妖精，但也受到了阿伊努民间传说中小矮人的很大影响。由于这个概念童话般的基调，他们认为《风之杖》色彩斑斓的卡通风格最适合这款游戏，而 Game Boy Advance 图像的升级，让这种风格在 2D 掌机版《塞尔达传说》游戏上有可能实现。

《不可思议的帽子》的开发最早始于 2001 年，但为了卡普空员工能专注于《众神的三角力量》GBA 移植版和该系列的第一款多人游戏《四支剑》的开发，这个项目一度被搁置。虽然卡普空从没想过把《四支剑》和《不可思议的帽子》做成三部曲，但它们的同步开发意味着两者共享资源和故事元素。由于《不可思议的帽子》是一个以故事为主导的单人游戏，因此邪恶的古夫背后的谜团得到了充实，这位回归的反派人物和与标题同名的"四支剑"都被赋予了背景故事，成为游戏性更强的《四支剑》的前传。

除了角色模型，《四支剑》中的道具，如"洛克的斗篷"和"飞马靴"也在《不可思议的帽子》中得到了再利用。《四支剑》还引入了虫帽来测试林克的缩小能力，虫帽能让林克随意改变大小，而无须寻找树桩、石头、罐子或祭坛形式的入口。在《不可思议的帽子》中，这些入口限制了你的变身能力，但这样的设计是有必要的，因为游戏把缩小机制作为解决谜题和阻止你过早进入未解锁区域的一种方式。

《不可思议的帽子》的风格重现了《风之杖》的卡通魅力，但其 2D 性质意味着许多元素都取自《众神的三角力量》——完成移植后的卡普空依然记忆犹新。《不可思议的帽子》的开头似乎是在向那些体验过 1991 年 SNES 经典游戏的玩家致敬，尽管黑暗的暴风雨和欢快的节日之间形成了鲜明的对比。两款游戏的开头都是

一些小小的奇迹

魔法壶

深林神庙中获得的第一件新道具，能让你立即以各种方式深入地牢。你可以用它吸收花粉和蜘蛛网，让通道和开关显现；同时，你还可以用它来吸蘑菇，作为跨越裂缝的新方法。在还不会游泳的情况下，你还可以用它把浮叶变成水上交通工具。

帕奇之杖

在火焰山洞获得的这根独特权杖能发出光束，翻转特定物体。在深入探索海拉鲁镇的过程中，这根权杖对于缩小你的体形非常重要。它可以翻转罐子，让你找到新的小人族传送门，进入新区域。除了用来对付某些敌人，帕奇之杖还可以用来将你从高崖底部的地面洞口中发射出去。

鼹鼠手套

在第三个地牢中获得的挖掘手套不仅可以让你发现风之要塞的许多岔路和秘密宝藏，还可以让你通过挖掘山洞，找到地上已探索路径下方的全新通道，为二维的海拉鲁世界增添了新层次。你也可以挖掘地面，有望在脚下找到卢比、贝壳和幸福碎片。

> 《不可思议的帽子》的风格重现了《风之杖》的卡通魅力，但其 2D 性质意味着许多元素都取自《众神的三角力量》。

在海拉鲁镇南部的一个小木屋里，林克被塞尔达公主从睡梦中唤醒。在《众神的三角力量》中，塞尔达公主是一位落难少女，而在《不可思议的帽子》中，她是你儿时的朋友，想和你一起享受皮克罗节。两款游戏的主要区别是这里没有危险……至少现在还没有。

走进海拉鲁镇，明亮的色彩和热闹的节日气氛为接下来的活动奠定了基调。在打造海拉鲁中心区域时，一个主要目标是让人感觉它是一个充满活力、热闹非凡 ▶

《不可思议的帽子》中有一些令人兴奋的新道具，还有一些回归的经典道具

按下按钮放置炸弹，然后再按下按钮引爆炸弹。

遥控炸弹

在《旷野之息》中，希卡石板恢复了遥控炸弹的功能，而在此之前的十多年，正确的幸福碎片融合激发了小人族发明家贝拉里的灵感，他自己制作了一些遥控炸弹。这些炸弹没有计时器，第一次按下按钮会将炸弹放在地上，第二次按下按钮则会引爆炸弹，这让你可以与炸弹拉开距离，避免受到伤害。在任何时间拜访贝拉里，你都可以改变携带炸弹的种类。

连接

《不可思议的帽子》从卡普空之前的 GBA 游戏《四支剑》中获得了许多灵感，将该游戏的核心机制"分身"重新运用到了单人游戏中。在收集元素和修复四支剑的过程中，你可以将自己分裂成两个、三个，乃至最后四个分身，来解决地牢内外的谜题，并通过以前无法通过的地方，不过如果你受到伤害或分身被卡住，你的分身就会消失。

当你只有蚂蚁那么大的时候，哪怕是雨滴也会让你丧命。

These raindrops are like boulders of water to us, kid! Watch out!

155

▶ 的小镇，人们都在忙着过自己的生活。你会发现很多熟悉的面孔，这绝非偶然。为了给这个版本的海拉鲁增添生机，制作团队特意从之前的作品里挑选了一些适合游戏欢快氛围的角色。在你环游世界的旅途中，你会遇到更多友好的新面孔和老面孔，而其中最特别的新朋友就是你的冒险旅伴艾泽罗，他会一直待在你的头顶上陪伴你。

» 游戏中的一个支线任务巧妙地致敬了卡普空之前推出的《不可思议的果实》系列。

这顶时髦的绿色帽子不仅能给你提供有用的提示，与你进行诙谐的对话，

找到你的另一半

用友谊的力量解开秘密，不断升级

《不可思议的帽子》为《塞尔达传说》世界带来了一个最棘手、有时甚至让人懊恼的机制——"融合幸福碎片"。当你通过深林神庙回到海拉鲁镇后，你会遇到一位弹手风琴的男士，他会跟你介绍幸福碎片的奇妙世界，并给你一个储存它们的袋子和第一次融合的机会。游戏中有 100 块幸福碎片，你可以在海利亚人、小人族、动物，甚至鬼魂和墙壁中找到它们。在探索海拉鲁的过程中，还有 12 种不同类型的幸福碎片等你发现。绿色的幸福碎片可以从草地和敌人身上获得，蓝色和红色的幸福碎片则是探索地牢和大世界的宝箱的奖励……有些甚至在面包店的点心里。在特定地点，你还必须找到 9 块黄色幸福碎片才可以继续前进，不过这些幸福碎片并不难找。

融合幸福碎片可获得各种各样的奖励，包括心之碎片、道具升级、新 NPC 动作和大量卢比，但由于许多融合的情报都是在 NPC 之间共享的，你没法知道奖励是否值得你付出这么多。此外，最糟的情况莫过于当你在为新的融合感到兴奋时，却发现你的伙伴想要你刚刚交易给别人的幸福碎片。交易过程中可能会有很多来回折腾的时刻，而且一旦获得奖励，你就无法查看自己完成了哪些融合，即使是想要达成全部成就的玩家也可能会放弃寻找最后的几块幸福碎片。如果《不可思议的帽子》能在新一代游戏机上推出，希望能引入炸弹小子的笔记本那样的系统，这个系统的追踪效果在《魔力面具》中的表现非常好，可以减轻支线任务带来的挫败感。

还能把林克缩小到小人族的大小，因为它本身就是受到诅咒的皮克罗人。第一次缩小的感觉神奇又刺激，你可以从蘑菇上弹跳而下，进入未知的世界，这种规模的变化正是游戏的亮点所在。草叶高高耸立，橡子挡住去路，浅水坑变成了深海。这个通常隐藏在你脚下的世界是一个影响巨大的小世界，当你前往小人村时，你会情不自禁地沉浸其中。

第一个地牢"深林神庙"完全是在小人族的大小下完成的，让你有机会适应仅仅因为体形变小而面临的新障碍。这里最好的路障之一是一个桶，你需要进入桶中并旋转它来打开新的路径，尽管最后的路线要到你获得道具魔法壶之后才会打开。最终的头目是《风之杖》中最弱的怪物之一，一只绿色的丘丘，但由于你的体形，丘丘成了一个巨大的挑战。这场战斗真正凸显了林克体形变得特别小后所面临的情况是多么的不同。

从这里开始，你必须先思考，再缩小。游戏中会有一些视觉线索，如地面裂缝和花径，所以你要注意一些小细节。要想在游戏中取得进展，你需要在地牢和大世界中改变自己的体形，并使用越来越多的道具。新道具不仅在地牢里有用，还能帮你探索更广阔的世界。与前几款游戏相比，这些道具让人感觉应

你可以利用艾泽罗跨越裂缝，有点像在《风之杖》中使用德库叶子。

当一只绿色的丘丘在你面前变得巨大无比时，它的威胁性就增加了。

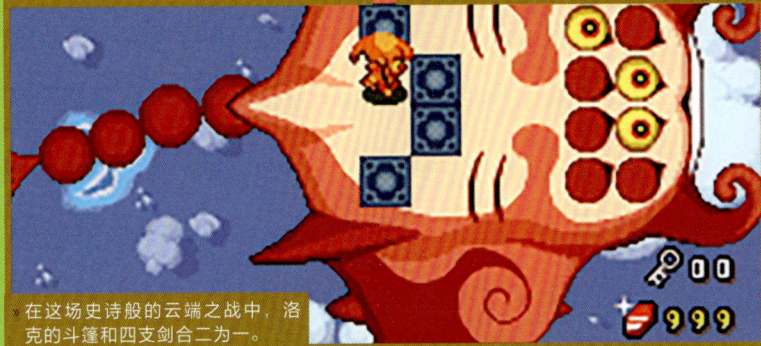

在这场史诗般的云端之战中，洛克的斗篷和四支剑合二为一。

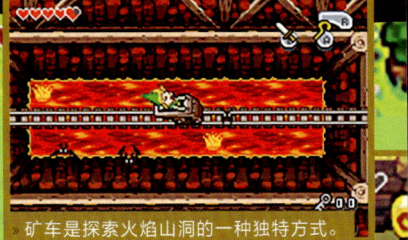
矿车是探索火焰山洞的一种独特方式。

用范围变得更广，你可以用意想不到的方式使用它们，有几种甚至可以与剑术相结合。你还可以创造性地利用自己的体形，比如缩小后进入阿默斯的体内来翻转它的电路，这种机制在风之要塞的最终决战中也得到了巧妙的运用。

体形的变换为这个 2D 的《塞尔达传说》世界增添了层次，让它变得更加立体。在海拉鲁镇的房梁上探索时，你可以看到下面发生的事情，这为游戏增加了很多深度，并给青沼英二留下了深刻印象。这一点也反映在多层地牢中，你有时需要在不同平面上解开谜题：钥匙会掉到洞里，光线会从上面照射下来，或者跳进云层去到更高的地方，所有这些细节都让人感觉《不可思议的帽子》的世界更大、更广阔。

虽然游戏世界很小，但游戏中的场景多种多样，从沼泽、墓地到废墟、漂浮的宫殿，应有尽有。卡普空也大胆地为《塞尔达传说》世界引入了新的地点和种族，每个区域都有独特的氛围、敌人和谜题。每个地牢都有独特的主题，并根据其设计有自己的一套机制，比如在火焰山洞的火焰湖上漂浮、在水滴神庙的冰面滑行。即使拥有完整的武器库和升级后的四支剑，黑暗海拉鲁城堡仍显得气势恢宏。所有的游戏元素都在这里用到了极致，你学到的一切都将受到考验。

《不可思议的帽子》发布于 Game Boy Advance 全盛期结束之际，虽然初代任天堂 DS 可以兼容 GBA 游戏，但多少还是影响了该款游戏的销量。最终，《不可思议的帽子》的销量在整个《塞尔达传说》系列中排名倒数第二，仅 176 万份。然

> **66 它仍然是 GBA 上画面最好的游戏之一，拥有动态的景观和天气效果，让人感觉这是一个真实的世界。 99**

而，它仍然是 GBA 上画面最好的游戏之一，拥有动态的景观和天气效果，让人感觉这是一个真实的世界。云朵在头顶飘过，水面波光粼粼，阳光透过森林树冠洒下。精灵们也同样生动，尤其是林克和艾泽罗，他们的表情和动画给人栩栩如生的感觉。虽然 Game Boy Advance 扬声器效果有限，但游戏的音乐仍然能带给玩家如同在主机平台上玩游戏时的感受。

游戏的作曲家高野充彦是《塞尔达传说》系列的老粉丝，他将很多之前作品配乐的元素融入《不可思议的帽子》的配乐中，一些经典的老旋律得到重新演绎，特

别是《众神的三角力量》中的《海拉鲁城堡》。游戏音乐充满了熟悉感：史诗般的《海拉鲁城堡》让人回想起《织梦岛》中的《塔尔塔尔高地》，而与剑术大师训练的音乐则会带你回到《风之杖》的开头，那时你第一次学会挥剑。但同时也有许多新的编曲。所有地牢的音乐主题都带有不祥的氛围，但每个地牢的音乐又各不相同。游戏世界的每个角落不仅看起来不同，而且听起来也不同，每个地方都有自己的特色。王之谷场景的配乐尤为突出，如同野兽一般的音效让人毛骨悚然，仿佛你正被监视着。

» 玩家要通过切换体形和精准射击才能将受到阿兹特克文明[①]启发的玛扎尔击败。

人们对这款游戏最大的不满是它的游戏时长太短了，但这也证明了浓缩就是精华。为延长游戏时间，制作组加入了两种可收集的物品，然而这对于部分玩家来说可能并不理想。其中的新元素"幸福碎片"几乎可以当作支线任务，而《风之杖》中的模型收集则以扭蛋小游戏的形式回归。虽然《不可思议的帽子》只有六个地牢，但每一个都是精心设计的。《不可思议的帽子》虽是系列中比较简单的游戏之一，但其战斗和解谜依然平衡得很好，头目战也用了有趣的道具和技能组合。

虽然《四支剑》三部曲可能就这样结束，但许多参与制作《不可思议的帽子》的卡普空员工现在都在任天堂工作，包括藤林秀麿，他执导了《旷野之息》及其即将推出的续作。小人族曾在开放世界《塞尔达传说》游戏的概念图中出现，但遗憾的是，在最终版本中并没有出现，可能是因为小人族体形较小，无法与宏大的游戏规模相匹配了。在 3DS 上，《三角力量英雄》继承了《塞尔达传说》游戏多人模式的衣钵，但我们不能说未来就看不到古夫或四支剑以某种身份回归。也许《不可思议的帽子》的现代重制版可以让这个系列中的小游戏回归，让更多的玩家能够体验到。▲

---

①墨西哥古代阿兹特克人所创造的印第安文明，是美洲古代三大文明之一。——译者注

159

THE LEGEND OF ZELDA® Twilight Princess

塞尔达传说：黄昏公主

《塞尔达传说》系列既能回顾过去，又能涉足激动人心的未来，GameCube的收官之作和Wii的首发经典之作将巩固其地位

戴夫·米克勒姆（Dave Meikleham）

130 年来，任天堂一直是游戏行业的领军企业。从扑克牌到 Game Boy，再到 Switch，这家日本巨头公司总能在家庭娱乐方面打破常规。正因如此，深深融入极度舒适的老式怀旧风格的《塞尔达传说：黄昏公主》才成为任天堂作品里相对罕见的一部。

《黄昏公主》并没有像《风之杖》系列那样大胆开创系列的新方向。相反，这款 Wii 的首发游戏更注重复制《时光之笛》的准备工作，希望再现任天堂 64 大作的魔力。《黄昏公主》的终极目标是满足《塞尔达传说》粉丝们的期待。尽管《风之杖》被誉为经典大作，并获得了满分评价，但那些绝妙的卡通渲染效果让许多西方玩家望而却步。现在回过头来看，那些要求苛刻的任天堂粉丝们应该对《风之杖》多一些包容。

《风之杖》这部 GameCube 大作在美国销售低迷之后，总监青沼英二告诉《塞

尔达传说》系列的创始人、任天堂的代表人物——宫本茂，《风之杖》的续集需要更写实的画风才能提高其销量。于是，一款画风精致但创新方面略显保守的《塞尔达传说》诞生了。

作为任天堂的作品，《黄昏公主》仍然是一部杰作。与《时光之笛》经久不衰的辉煌相比，《黄昏公主》是否显得有些逊色呢？也许有点。尽管如此，《黄昏公主》依然是一款相当不错的游戏，被史上最出色的游戏比下去也不能算是一件丢脸的事。它可能不像《众神的三角力量》那么有标志性，也不像《旷野之息》那样重新定义了游戏类型，但说到《塞尔达传说》的经典设计和优秀的地牢，《黄昏公主》的表现依然出色。与《魔力面具》不同的是，在《黄昏公主》中，月亮的怪异行为只有短暂的夜间嚎叫，而不像任天堂64《魔力面具》中的那样，带着小丑般的微笑撞向地球。

哦，对了，还有狼。每款《塞尔达传说》游戏都需要一个噱头，《风之杖》里是小船，《时光之笛》里是改变时间的乐器，而《黄昏公主》里是狼人林克。因为"黄昏"，我们的长袍英雄在冒险的最初几个小时内变成了一只巨狼。但林克并没有像《美国狼人在伦敦》中的狼人那样在荒野上吃背包客，他的食肉倾向被非常顽皮的米多娜抑制住了。和《时光之笛》中声名狼藉的娜薇相比，米多娜还不算太烦人，她可以指引林克在黄昏地区穿梭，通常需要锁定目标进行引导式平台跳跃、追捕会放电的巨大虫子。 ▶

看到《风之杖》在西方市场销量不佳后，任天堂为《黄昏公主》选择了更加"写实"的视觉风格。

黄昏传奇

林克受月亮影响踏上的冒险之旅的几大主要特色

米多娜的闪耀时刻

米多娜公主是特维利（Twili）人，这个种族的名字似乎融合了任天堂游戏机的名称。特维利是一个可以使用魔法在黄昏领域中穿梭的恶魔种族。令人欣慰的是，她是林克最不烦人的同伴之一，还以小精灵形态参与了一些有趣的平台跳跃关卡。

恐惧之泪

在《黄昏公主》的早期阶段，收集"光之泪"是一个重要的任务。"光之泪"是一种魔法道具，可以将狼人林克传送到黄昏领域外。但是，"光之泪"只能通过击败难以捕捉的暗影昆虫来获得。所以林克必须通过消灭这些令人毛骨悚然的爬虫，才能获得"光之泪"。

自然的奥登村

林克的冒险之旅从奥登村开始。奥登村是一个寂静的森林小村庄，很符合经典《塞尔达传说》的风格。奥登村的特色是什么？一群你见过的最可怕的孩子，还有一个异常喧闹的山羊养殖场，经常需要人帮忙放牧。

好马配英雄

伊波娜在《黄昏公主》中的表现无疑是该系列中最出色的。与《时光之笛》相比，伊波娜在《黄昏公主》中的登场时间要早得多。林克可以骑着他的小马伙伴走遍地图上的每个角落，除了那些标志性的地牢。马背上的战斗也是游戏的重要内容，其中有几个重要的场景涉及马背上的对决。

炎魔再现

《黄昏公主》虽然是在《指环王: 护戒使者》上映五年后才发售的，但彼得·杰克逊的这部大片对游戏的第二个地牢有很大的影响。游戏头目大爆焰和那部电影中的炎魔真的太像了，那只败给甘道夫的猛兽应该去申请一个限制令。

我们还要提一下那些恼人的昆虫。与《黄昏公主》的续作《御天之剑》中反复出现的"寂静领域"收集活动类似，《黄昏公主》中猎杀暗影昆虫的过程很快就会令人厌倦。虽然控制狼人林克很有趣，但"黄昏"部分中，通过消灭恐怖的超自然行动物来收集"光之泪"的玩法很快就会变得无趣。《塞尔达传说》可能是有史以来最好的电子游戏系列之一，但它一直都有过度使用收集玩法的问题。

《黄昏公主》的狼人元素虽然不算完全成功，但至少可以稍微改善一下玩家的游戏体验。这款游戏真正出彩的地方在于它把重点放在了成为一款经典的《塞尔达传说》冒险游戏，明智地舍弃了《风之杖》开放世界中过量的航海元素，转而专注于复刻《时光之笛》的成功之处，也就是把游戏的重点放在设计精妙的地牢上。虽然与伊波娜一起在海拉鲁平原上驰骋仍然令人兴奋，但林克在主要地牢中砍杀野兽、解开谜题时，才是游戏最精彩的时刻。

无论稳妥与否，靠近系列传统对《黄昏公主》几乎总是有利的。在《风之杖》中虽然有自我意识的红狮王号足以让我们的航海变得有趣，但 GameCube 最终大作、Wii 首秀中林克与伊波娜的重逢，给了我们一种无可否认的安心感。由于具有标志性的伊波娜缺席了《魔力面具》和 GameCube 卡通渲染的《风之杖》，这是八年来任天堂粉丝第一次骑上这匹马。《黄昏公主》抓住机会，在游戏开场时安排了几次牧羊任务，以满足玩家对伊波娜的想念。说到用怀旧元素来取悦粉丝，几乎没有公司能比任天堂做得更好。

在赞美地牢设计之余，我们也应该关注林克最棒的四足伙伴。这绝对是有史以来最棒的伊波娜。你不仅可以在任务初期就轻松解锁这匹威风凛凛的坐骑，而且解锁后，你会发现她的战斗力比以往任何时候都更强。与《时光之笛》中的伊波娜相比，《黄昏公主》中的伊波娜不仅跳得更高，在战斗中的表现也更佳。游戏中最精彩的片段之一就是在马背上与布尔布林王之间的一场长时间对决，布尔布林王和他那像蚂蚁一样的手下骑着奇幻的疣猪与林克和伊波娜展开了战斗。这样让人热血沸腾的场面，可以说只有任天堂、顽皮狗和索尼圣塔莫尼卡这样的工作室才能做得出来。

《旷野之息》为数不多的批评之一（如果算得上是的话）就是地牢的设计不尽如人意。尽管 Switch 上发布的这款游戏拥有令人眼花缭乱的物理效果和充满创造

» Wii 的体感控制是为双主机的推出而加入的，这有点像是事后才有的想法。

» 它可能看起来像一场更严肃的《塞尔达传说》冒险，但仍有无厘头和紧凑的情节。

力的开放世界，但每个神圣海滩中的谜题和头目让人感觉有点千篇一律，视觉上毫无新意。《黄昏公主》虽然可能不是那么富有创意，但它的地牢让人乐此不疲。不过，要通

» 伊波娜回来了，现在的海拉鲁也不再是一片汪洋大海。这个版本的林克坐骑可能是整个系列中玩家最喜欢的一个。

关这里的地牢，你就得摆脱对烹饪到位、能提升生命值的炖菜的依赖了。

别管食物了，在《黄昏公主》中，最重要的是常识。从在开场的森林神庙中击败一只有着巨大红色背部的猿猴，到像个无视重力的尖耳朵体操运动员一样在天空之城里熟练使用双钩爪，这款游戏里的地牢都让人感觉像是量身定制的。它们常常让你感到困惑，有时甚至让你产生一丝挫败感，但总会让你在恍然大悟的时刻感到满足，其中还有你期待已久的精彩头目战。《黄昏公主》的神庙或许是《塞尔达传说》历史上最棒的，没有比这更高的评价了。哦，对了，前面提到的天空之城呢？那可是史上最棒的地牢之一。云层中曲折蜿蜒的"猴架"迷宫不仅让人玩起来乐在其中，

而且它那吓人的终极头目还借鉴了《银河战士》系列中的标志性人物梅塔·利德雷的一些恐怖元素。

特别值得一提的是鼓隆矿井地牢。虽然《塞尔达传说》系列中火世界这样的概念已被无数次运用，但《黄昏公主》中的

» 鼓隆矿井是地牢探险的一大亮点，尤其是其中的头目大爆焰。

水下难题

为什么《黄昏公主》延续了《塞尔达传说》系列水下地牢的问题？

　　《黄昏公主》是对《时光之笛》的终极致敬，它甚至也以相当惊人的方式搞砸了水之神庙。虽然它的坏名声可能还没有 N64 的地牢那么大，但《黄昏公主》的湖底神庙仍是个有点复杂的难题。与前作的水下迷宫一样，这里的结构也让人头晕，中心谜题围绕着一个令人费解的水位机关展开。如果林克没有正确拉动杠杆将楼梯转到正确的方向，他就永远无法将水位提升到正确的高度来解锁更多的房间。

　　值得庆幸的是，设计巧妙的钩爪在一定程度上拯救了湖底神庙，这件小工具在游戏中最好的一座神庙——天空之城中使用时变得非常有趣。只可惜，《黄昏公主》试图纠正《时光之笛》水下地牢问题的行为，却让其近乎完美的地牢体验蒙上了污点。即使是《时光之笛》这样的杰作，也通过其 2011 年任天堂 3DS 重制版中的一些精心调整，修复了其最糟糕的神庙。

　　第二个迷宫是林克经历过的最棒的滚烫迷宫。多亏了林克的铁靴，我们才能体验到那些有趣又有点滑稽的上下颠倒的场景。而终极头目大爆焰，更是让人惊叹，它简直和《指环王》里的炎魔长得一模一样，就算它抱着甘道夫跳进永恒深渊，也不会让人觉得奇怪。鼓隆矿井可以说是《塞尔达传说》系列中把火世界概念运用到极致的地牢。即使距离《塞尔达传说》初次发售已经有二十年，该系列仍能将其在 NES 时代创造的地牢创意发挥得淋漓尽致。

　　《黄昏公主》值得关注的不止地牢，它还擅长让一些看似普通的"过渡"时刻变得令人难忘。就像其他经典的《塞尔达传说》游戏一样，虽然最终的目标可能总是地牢尽头的某个大头目，而且你还需要三个小时才能战胜它，但《黄昏公主》正是在这些故意搞笑的过渡时刻中巩固了自己作为林克最佳游戏之一的地位。无论是在漫无目的的钓鱼过程中无意帮助一只饥饿的猫抓到晚餐，还是用老鹰打掉一个烦人的蜂窝，抑或是与一个爱喝汤的雪人在巨大的斜坡上赛跑，即使是这些游戏中看似平静的时刻也能让玩家着迷。

抛开那些随机出现的轻松时刻不谈，地牢非常出色这一事实加倍证明了《黄昏公主》作为传统《塞尔达传说》游戏的本质。在《塞尔达传说》系列近 40 年的历史中，很少有作品能像《黄昏公主》这样简单直接。不过，粉丝和评论家当时并没有表示不满。《黄昏公主》目前在评论网 *Metacritic* 上的评分为 95/100，显得非常荒唐。尽管这款游戏好评如潮，但不可否认的是，它比之前和之后的作品都更加保守。在视觉上，它不如《风之杖》那么独特和大胆；在色调上，不如《魔力面具》那么有吸引力；在开创性上，也不如《旷野之息》那么突出。这是一款比较保守但出色的《塞尔达传说》游戏。

本作从根本上说是一款"稳妥"的游戏。几年前，任天堂曾凭借林克大战盖侬的技术演示惊艳了观众，许多粉丝都希望这款演示能成为下一款正式的《塞尔达传说》游戏。然后，绝妙的《风之杖》出现了。虽然它的图像风格很新颖，充满了皮克斯式的可爱和天使般的童趣，但这让相当一部分粉丝大跌眼镜。

> **❝《风之杖》的负面评价在多年后的今天看来十分古怪。然而，许多《塞尔达传说》游戏的铁杆粉丝想要看到更传统的林克版本。❞**

在一个以独立游戏为主导的时代，人们欢迎、鼓励和接受各种与众不同的视觉风格，《风之杖》的负面评价在多年后的今天看来十分古怪。然而，许多《塞尔达传说》游戏的铁杆粉丝想要看到更传统的林克，就像《时光之笛》说明书里梦幻般的艺术风格所展现的那种非常英俊的精灵英雄形象。但由于任天堂 64 的技术限制，这个愿望无法真正实现。

回望过去，我们很容易忘记林克在《黄昏公主》中的形象有多么重要。在《风之杖》卡通渲染的精灵男孩形象惹恼了相当一部分粉丝后，任天堂创造了迄今为止最逼真的林克形象。现在如果问《塞尔达传说》的粉丝们更喜欢哪种设计，更多人会选择那个融合了可爱航海元素的、极度卡通化的时空英雄版本。然而在 2006 年，Wii 玩家们对更传统的林克形象回归表示了最热烈的欢迎。

如果说任天堂在林克的外形设计上采取了稳妥的策略，那么它在决定处理 Wii 当时开创性的体感控制技术上，则是更加保守的。《塞尔达传说》系列虽然是唯

美国盖帝图像有限公司；图片来源：维基百科共享资源 公共领域 埃文 · 阿莫斯（Evan Amos）

移植版合集

回顾《黄昏公主》的各主机版本

不可否认，《黄昏公主》是一款非常出色的《塞尔达传说》游戏，但它在其出现的三个任天堂主机上表现得并不总是那么出色。在任天堂赌《旷野之息》会成为 Wii U 的绝唱，还是 Switch 上大胆、出色的处女作之前，《黄昏公主》就抢在林克的跨时代杰作发售好几年之前发布了。这款游戏原计划作为 GameCube 上最后一款主要的第一方游戏之一，而漫长的开发过程意味着狼人林克将同时出现在 GameCube 和它的后继者 Wii 上。

令人遗憾的是，Wii 移植版给人的感觉有点仓促，游戏的体感控制是后面才加上的，没有《御天之剑》中一对一体感追踪的细节。作为引入 Wiimote 创新性的游戏，林克的冒险与《Wii 运动》（Wii Sports）等游戏相比显得有些逊色。尽管如此，2016 年在 Wii U 上推出的高清重制版仍不失为一个出色的移植版本，虽然它没有充分利用该主机一直被忽视的平板控制器。我们很希望能在 Switch 上看到一个升级版本的《黄昏公主》，在 OLED 机型上，黄昏领域的黑色会显得非常惊艳，但实现这点的可能性似乎与《荒野之息》登陆 Xbox 一样渺茫。

——一个在声望上能与《马力欧》相提并论的任天堂游戏系列，但它近年来经常会同时登陆两代主机。《黄昏公主》也是一款处理不当的跨时代作品，就像《荒野之息》原本是 Wii U 的告别之作，后来却成为 Switch 上市阵容中的璀璨明珠一样。

在 Wii 的 MotionPlus 升级的很多年前，林克只能用远没有现在这么先进的 Wiimote。即便如此，《黄昏公主》也几乎没有使用任天堂这款备受欢迎的游戏机

» 在本作中，林克开始时是一位卑微的村民，绿色帽子和大师之剑要靠努力才能获得。

的体感功能。由于控制器升级，《御天之剑》实现了真正基于动作的挥剑，而《黄昏公主》却只能使用基本的摇摆操作，因为这款游戏最初是为 GameCube 开发的，所以难免如此。

不论你在哪个平台上玩，林克的战斗依然敏捷。Wii 专属的控制功能一直都很少，但该系列的核心战斗系统非常强大，即使 GameCube 版本没有摇摆操作也不成问题。《黄昏公主》明智地采用了《时光之笛》和《魔力面具》等 N64 大作的"Z 瞄准"系统，呈现了一个巧妙、简洁的战斗系统，这个系统绝不会因复杂的体感控制而变得难以驾驭。

由于 Wii 曾被一大批需要玩家摆动四肢到几乎筋疲力尽的游戏所占据，因此过分批评《黄昏公主》没有完全融入游戏机的核心功能未免太苛刻。其他游戏之所以成功，是因为它们像《Wii 运动》那样，抓住了玩家的想象力，而《黄昏公主》则

在林克的《黄昏公主》冒险中，鼓隆族等熟悉的海拉鲁种族回归了。

» 《黄昏公主》中隐藏着许多《时光之笛》的元素。

仅仅专注于成为一款优秀的《塞尔达传说》游戏。有点胸无大志？也许吧。也许有点过于取悦粉丝？可以这么说。但归根结底，这绝对是一款顶级的电子游戏，只因任天堂有二十年的时间来完善这一游戏模式。

由于改用了更加写实的艺术风格，战斗有种恰如其分的史诗感。

《黄昏公主》还因是《塞尔达传说》系列中目标最明确的游戏之一而备受好评。以前的游戏总是会迫使你去完成一些乏味的支线任务，然后才会给你一个成年人大小的钱包，可以装下你需要的所有卢比，而《黄昏公主》则乐于让林克相对轻松地填满他的口袋。这款游戏的重点都在它那令人惊叹的地牢上，几乎没有任何无关紧要的内容。在《刺客信条》系列长得令人反感的时代，许多现代游戏都

> ❝ **这款游戏的重点都在它那令人惊叹的地牢上，几乎没有任何无关紧要的内容。** ❞

可以学习《黄昏公主》不到 40 个小时的简短流程。

这种简洁明快的结构贯穿整个游戏。抛开作为狼人林克进行恐怖捕猎的支线任务不谈，《黄昏公主》算是一款令人耳目一新的精简型《塞尔达传说》游戏了。与其他任何 3D《塞尔达传说》游戏相比，《黄昏公主》更注重出色的地牢、令人难忘的头目战，以及林克和塞尔达之间的标志性关系。它可能不是最大胆或最勇敢的作品，但它无疑是非常出色的。在这个时代，人们肯定都希望在之前熟悉但仍有市场的媒介里探索，而《黄昏公主》则在这两方面都做足了文章。

如果你对在现代重温《黄昏公主》感兴趣，那么虽然你的选择有限，但这些选择的体验都非常好。你是否拥有一台 Wii U？如果是的话，那么 2016 年的高清重制版仍然是在现代显示器上重玩这款经典游戏的不错选择。还有没有更好的选择？如果你拥有上述高清重制版的光盘版，那么你就可以通过神奇的 Cemu 模拟器，在现代电脑上以 4K 分辨率体验林克围绕月亮展开的探险。

作为一直推出优秀作品的游戏系列的一员，

《黄昏公主》的表现跟预期一样出色。但它也是《塞尔达传说》系列中少有的例外，因为它作出了奇怪的妥协。它作为GameCube的告别之作，以及一款没有完全发挥Wii独特卖点优势的首发游戏，是林克的冒险中最保守的一作。随着时间的推移，人们更容易对《风之杖》、《魔力面具》和《旷野之息》等比《黄昏公主》更冒险的游戏产生钦佩之情。不过，如果你追求卓越，不妨将目光投向最好的作品。在《时光之笛》之后，《黄昏公主》中林克以狼为核心的冒险可能只能算是其中一个优秀的致敬之作。▲

» 控制狼人林克的过程很快乐，猎杀昆虫的过程却令人厌烦。

» 活泼的米多娜是这次冒险的伙伴，她的设定有很大改善。

171

THE LEGEND OF ZELDA
Phantom Hourglass

塞尔达传说：幻影沙漏

在这部《风之杖》的直接续作中，林克乘上了任天堂的明星邮轮任天堂DS，开始了该系列中最独特的冒险之一

汤姆·赛克斯（Tom Sykes）与德鲁·斯利普（Drew Sleep）

如果你听过别人对《塞尔达传说》系列的批评，那很可能会说它们"千篇一律"，总是有林克、塞尔达公主、解谜、挥剑战斗，还有关于三角力量的无稽之谈。但你只要看看《魔力面具》、《风之杖》及其续作《幻影沙漏》，就会知道这些说法并不准确。尤其是《风之杖》，它抛弃了N64游戏的艺术风格，抛弃了大部分的海拉鲁陆地，甚至抛弃了可怜的老伊波娜。《幻影沙漏》大胆地延续了这一趋势，同时加入了新的元素，使其成为该系列中最具创新性的作品之一。

《幻影沙漏》最直接的变化就是操作方式的改变，它对林克多年来一直使用的传统操作方式进行了改造。

不管这是为了让游戏更容易上手，还是为了展示任天堂新推出的触摸屏游戏机任天堂 DS 的魅力，这次改造都是很成功的。而且，这种新奇的操作方式也为游戏设计注入了新的活力。

摆脱了按钮的束缚，林克可以用新的方式表达自己。他可以在拐角处扔回旋镖，在他可以信赖的地图上做注释，最棒的是，他还可以在一系列赏心悦目的海图上为他的新明轮蒸汽机船绘制航线。比起使用弯刀和假腿这些元素，这样的方式更能让你感觉自己像一名吃苦耐劳的船长，而且还不用付出截肢的代价。

时至今日，《幻影沙漏》仍然是最受欢迎的航海游戏之一，只可惜，这种类型的游戏并不多。林克的新船 SS 莱茵巴克号可能不如《风之杖》里的小帆船那么温馨，但考虑到它可以让你更轻松地横渡大海，你就会觉得这一点是可以原谅的。不过，这艘小明轮蒸汽机船的最大特点是它灵巧的打捞臂，可以让你打捞旧海拉鲁水下废墟中的宝物。

《幻影沙漏》的创新不仅仅在于操作方式。游戏的核心是海王神庙，一个宏伟的多层地牢。在整个冒险过程中，你会多次探索这个地牢。也许用"重玩"这个词更合适，因为你需要一遍又一遍地完成相同的任务。

对于海王神庙，《塞尔达传说》的粉丝们意见不一，一部分人讨厌它的时间限制和重复性，另一部分人则并不介意，但大家可能都会认同它的设计很新颖。林克在神庙内的探索时间会受到"幻影沙漏"中沙子数量的限制，而每当他到外面的世界拾取更多沙子时，神庙就会重置。不管你对它的评价如何，这个重复出现的地牢都为玩家提供了一个独特的挑战，这是之前《塞尔达传说》游戏中从没出现过，在之后也没有的。

任天堂自身面临的挑战也不小。在此之前，大多数掌上《塞尔达传说》游戏都是有趣而简单的《众神的三角力量》的翻版，通常外包给如 Flagship 或者卡普空这样的公司，而这些公司不会轻易对经典的模式进行大刀阔斧的改革，这也是可以理解的。事实上，《幻影沙漏》的开发始于 2004 年，当时的计划是开发一款类似《四支剑》的游戏，直到 2006 年举办电子娱乐展览会前，这一计划才取消。任天堂 DS 为任天堂团队提供了发挥创意的沃土，促使任天堂抛弃了久经考验的模式，开始尝试不同的东西。

《风之杖》的总监青沼英二因游戏销量未达到任天堂的预期目标而承受压力。不过，他表示希望利用《风之杖》的背景和独特的美学风格来制作一款游戏，于是就有了让《幻影沙漏》的故事从林克第一

以今天的标准来看，DS 是一款相当原始的 3D 游戏机，但它在复制"卡通"风格方面做得非常出色。

时光飞逝

是什么令《幻影沙漏》如此特别

卡通林克

大家依然在激烈争论经典林克好还是卡通林克好，但难道这两种风格不能共存吗？《风之杖》的卡通渲染风格在 DS 上的表现很不错，林克也是如此。

SS 莱茵巴克号

这款游戏还继承了《风之杖》的航海元素，并将其发挥到了极致。在《幻影沙漏》中，你将驾驶一艘好看的明轮蒸汽机船，船上还有一门巨大的加农炮。

《幻影沙漏》

《幻影沙漏》在海王神庙的设计上做了大胆的尝试：它给地牢探索设置了严格的时间限制，可探索时间由魔法沙漏中的沙子数量来决定。值得庆幸的是，林克可以在游戏中获得额外的沙子。

幻影

这些可怕的敌人游荡在海王神庙的各个楼层。它们刀枪不入，非常强大，所以你必须小心潜行，但在《大地的汽笛》中，它们意外地成了你的盟友……

幽灵船

没有幽灵船的海盗冒险是不完整的，而《幻影沙漏》则非常成功地呈现了这一元素。这艘幽灵船在游戏开始时绑架了泰特拉，并在游戏接近尾声时再次绑架了她。

泰特拉

林克航海冒险的伙伴，与某位公主非常相似。但实际上，泰特拉一点也不像总是身陷险境的塞尔达公主，她卑鄙又贪婪，完美地衬托了林克的天真和英勇。

次航海冒险结束的地方开始的想法。然而，这次青沼英二选择不再担任这部作品的总监，而是将这份职责交给了任天堂的资深程序员岩本大贵，这是岩本大贵首次担任游戏总监。

传统的操作方式被抛弃，游戏主要通过触摸屏来展开探索和战斗。

在盖侬被打败、海拉鲁被封印在海底之后，林克和泰特拉（塞尔达公主的转世）在海上旅行，直到他们在一艘幽灵船上失散。随后，林克踏上了寻找幽灵船、与泰特拉重逢的冒险之旅。这个故事的情节简单得令人失望，几乎就是《织梦岛》中"这一切都是一场梦！"这个情节的翻版。尽管如此，它仍是一个还不错的故事，并且以更小规模的冒险，延续了《风之杖》中林克的故事。

《幻影沙漏》一经发售就大受玩家们的欢迎，许多人称赞 DS 的创新功能改写了《塞尔达传说》系列的游戏规则。但也有一些人批评在《黄昏公主》的写实风格后回归的卡通林克，以及令人恼火的海王神庙。但这些批评都没有妨碍 400 多万玩家享受林克的航海冒险之旅。

虽然《幻影沙漏》不是系列中不可或缺之作，但它证明了《塞尔达传说》游戏可以打破既有的模式，尝试一些新的东西。如果你能找到一台任天堂 DS 和一份游戏，这款游戏绝对值得一试。▲

红狮王号退役了，林克换了一艘强力的明轮蒸汽机船。

175

THE LEGEND OF ZELDA™
Spirit Tracks

塞尔达传说：大地的汽笛

请尽快上车！开往海拉鲁的最后一趟列车即将出发

汤姆·赛克斯（Tom Sykes）与本·格雷厄姆（Ben Graham）

　　火车经常因票价上涨、不准时和故障频发而受到指责，但这并不是火车的错，要怪就怪那些管理它们的政府和公司。回想蒸汽时代，人们对火车的印象更好：它们就像可爱的、摇摇晃晃的、以煤为食的怪兽，在全国各地缓缓地蜿蜒前行。

　　《大地的汽笛》就完美地捕捉到了这种存在于过去记忆中的怀旧情怀。前作《幻影沙漏》专注于航海的乐趣，而这部与其没有太紧密联系的续作则将目光转向了公共交通的光辉岁月。在这个过程中，它或大胆抛弃了一些传统《塞尔达传说》概念，或以引人入胜的方式重新诠释了这些概念。

　　在《幻影沙漏》大获成功的鼓舞下，任天堂急于在短时间内为任天堂 DS 制作另一款触摸屏冒险游戏。回想《时光之笛》和《魔力面具》之间短暂的开发时间，任天堂希望在其大受欢迎的掌上游戏上再现这两款任天堂 64 游戏的辉煌。

　　但事与愿违，《大地的汽笛》的开发耗时两年。制作《幻影沙漏》的大部分原班人马都回归了《大地的汽笛》的开发，包括总监岩本大贵和制作人青沼英二，他们很希望能继续使用"沉没的海拉鲁"系列所确立的卡通渲染风格。

　　说到这里，你可能会很想问："为什么是火车？"这个概念是青沼英二在给儿子读《铁轨延伸》（*Senro Wa Tsuzuku*）时想到的。这个睡前故事讲述了孩子们为一列神奇的火车铺设轨道，而这列火车可以把他们带到任何地方。青沼英二认为这个设定可以作为新《塞尔达传说》游戏的核心特色。然而，他的开发团队中有一半人持不同意见，这导致火车支持者和反对者之间出现分歧，最终火车支持者赢了。

青沼英二和岩本大贵希望它可以像《幻影沙漏》一样，成为一款独一无二的《塞尔达传说》游戏。因此，《大地的汽笛》给人的感觉就像一片青葱的试验田，为玩家提供了大量新奇的游戏特性，而这些特性最终都展现出了极佳的效果。

首先是它的开场，这是近年来《塞尔达传说》系列中最令人耳目一新的开场。《大地的汽笛》的故事背景设定在《风之杖》和《幻影沙漏》数百年之后，林克不再是一个等待命运召唤的普通村民。他是一个有目标、有抱负的小伙子（虽然有点笨拙和懒惰）。他一开始是一名学徒，希望获得梦寐以求的绿色外衣，以成为一名合格的火车司机。为此，他必须去塞尔达公主的城堡拜访她，麻烦也就此产生。

> ## 与之前的作品相比，塞尔达在《大地的汽笛》中的表现要更积极……尽管她在冒险的大部分时间里都处于死亡状态。

与之前的作品相比，塞尔达在《大地的汽笛》中的表现要更积极……尽管她在冒险的大部分时间里都处于死亡状态。好吧，也许"死亡"这个说法有点过了。在你见到她不久后，一个恶魔将她的灵魂与身体分离了。

林克和塞尔达公主通常是拯救者与被拯救者的关系，而在《大地的汽笛》中，他们更像是并肩作战的搭档，这与其他许多《塞尔达传说》游戏形成了鲜明的对比。林克像往常一样负责击败所有的头目、积攒卢比，而突然变成幽灵的塞尔达则拥有了附身敌人的能力。

» 幽灵塞尔达可以附身在庞大的幻影身上，帮助林克解开谜题和通关地牢。

这就是《塞尔达传说》

令人眼前一亮的新元素

车轮婆婆

虽然她看起来像一位老太太和一个茶壶的基因实验产物，但她是你最亲密的顾问，并且总会给林克使眼色。

疾风螺扇

每一款新《塞尔达传说》游戏都会为林克的武器库增添一些小玩意。其中最棒的是疾风螺扇，它能让你向敌人吹出飓风。

基马罗基

《塞尔达传说》有史以来最恐怖的反派之一。基马罗基戴了两顶帽子来掩盖他的恶魔之角，以接近塞尔达公主，偷走她失去灵魂的身体。

洛克泰特（Rocktite）

这个坏蛋潜伏在阴暗潮湿的隧道里，等待火车靠近。你需要对着它那恶心的嘴和眼猛击几下才能消灭它。

鞭子

大多数鞭子的末端都没有嫁接动物的头，不过任天堂修复了这个错误。鞭子的蛇头可以撕裂敌人的盔甲。

幽灵火车

你以为火车很无聊？当火车控制权在你手里，并有一门装满无尽弹药的大炮供你使用时，你就不会觉得无聊了。《大地的汽笛》的特色就是狂野。

可以操控来自《幻影沙漏》的巨大幻影守护者，为该系列传统的孤独地牢探险增添了新维度。只需在 DS 触摸屏上快速滑动多功能触控笔，你的金属伙伴就可以攻击敌人、激活开关，带你穿越危险区域。这是《塞尔达传说》系列中为数不多的考虑合作游戏机制的例子之一。

不过，在此之前，我们还有火车要赶。《大地的汽笛》将海拉鲁变成了一个铺

» 乍一看，火车似乎与《塞尔达传说》游戏格格不入，但你很快就会爱上它们。

» 任天堂总会为每一款《塞尔达传说》游戏设计新鲜有趣的道具，看看疾风螺扇制造出的这股绿叶旋风就知道了。

» 《大地的汽笛》有多人对战模式，虽然可有可无，但仍然很有趣。

满铁轨的世界，林克则是火车司机。他的职责包括运送乘客、装运货物，以及鸣笛驱赶轨道上的动物，这是最刺激的。任天堂错过了推出绳子外设的机会，不过拉动触摸屏上的小图标也同样令人兴奋。

《大地的汽笛》的评价和销量都很不错，但很少有人会认为它是《塞尔达传说》系列中最出色的作品。尽管如此，它仍是该系列中唯一一款能让你尽情释放内心火车狂热（假设你有此情结）的游戏。经过 30 年一次又一次重组三角力量、重新找到大师之剑和再次打败盖侬夫后，你会学会欣赏这些独特的作品。如果你对海拉鲁的火车世界心动不已，现在登上幽灵火车还来得及。▲

179

THE LEGEND OF ZELDA
Skyward Sword

塞尔达传说：御天之剑

传奇的开始和Wii的英雄绝唱

温艾伦（Alan Wen）

当《塞尔达传说》系列游戏被说成是新时代重述的传奇时，你有时需要对其在时间线上的位置持怀疑态度。尽管如此，《御天之剑》仍被视为《塞尔达传说》正史的开端，其背景设定在世界诞生和海利亚时代之后，那个时代甚至还没有海拉鲁。

事实上，《御天之剑》的背景设定在天空中，为了让人们躲避魔王终焉者对下面的土地造成的破坏，海利亚女神将幸存者送到了这里。无数代之后，这些幸存者的后代生活在分散的浮岛上，其中最大的浮岛是天空洛夫特，这里的人认为地面世界只不过是一个神话。直到有一天，塞尔达（尚未成为公主，但已是天空洛夫特学院校长的女儿）被黑暗龙卷风卷到了云层之下，新晋骑士林克就此踏上了营救童年好友塞尔达

要想办法先破坏莫力布林的护盾才能打败它。

181

的冒险之旅。

这个新的篇章需要一种新的视觉风格，一种最适合当时已经过时的 Wii 游戏机的风格，还要考虑到 Wii 游戏机本身在技术上已经落后于那些向高清时代跃进的竞争对手。开发团队既不拘泥于《黄昏公主》的写实风格，也没有重拾《风之杖》的卡通渲染风格（尽管现在回头看，后者已被认为是永恒的经典之作），而是从莫奈和塞尚等印象派画家身上汲取灵感，采用了介于两者之间的柔和而生动的色调。宫本茂本人就是印象派艺术的忠实粉丝，选择这种美学风格也是为了更好地突出人物特征。不过你也可以想象得到，没有那么多细节或比较模糊的艺术风格和 Wii 的标准清晰度是非常匹配的。

新的开始也是开发团队传递火炬的最佳时机。自《时光之笛》以来，负责将《塞尔达传说》系列带入 3D 时代的一直是青沼英二。现在他辞去了总监一职，但仍将作为制作人继续参与该系列的主要工作。接任总监一职的是藤林秀麿，他在开发《塞尔达传说》系列项目中已有丰富的经验，虽然到目前为止，他只参与过规模较小的项目。他在 Flagship 或卡普空工作时，曾指导过 Game Boy Color 的《大地之章》和《时空之章》。事实上，在 2006 年《天空之剑》开发开始时，他仍在忙着 2007 年 DS 的《幻影沙漏》的开发工作。他曾经负责过一些包含独特玩法机制的《塞尔达传说》游戏，例如两款游戏的相互联动，以及任天堂 DS 触摸屏和麦克风的创新互动方式。那么，在首次主管家用机平台的《塞尔达传说》作品时，他会为《御天之剑》带来哪些关键性的创新呢？

答案就是制作一款只有在 Wii 上才能体验到的《塞尔达传说》游戏，这将是真正展示游戏机体感控制技术的杰作。游戏于 2011 年发布，这也正是处于生命末期的 Wii 游戏机所需要的。当时，体感控制的新鲜感已经消失殆尽，游戏机上充斥着各种垃圾软件和昙花一现的噱头，"Wii 摇摆"这个揶揄性的词也由此而来。与此同时，其他第一方发行的游戏，如 MonolithSoft 公司的大型角色扮演游戏《异度神剑》，也只是简单地回到了传统的控制方式，这种控制方式可以说是经典控制器的最佳玩法。

在《黄昏公主》中，通过挥动 Wii 遥控器来模拟林克挥剑的动作虽然很刺激，但这款游戏终究是为 GameCube 开发的，Wii 版本只是后续才加入了体感控制，玩家的挥动对武器的移动并没有太大影响。因此，任天堂希望

»林克和塞尔达在一起时的氛围很纯真,他们不仅是青梅竹马,也可能有更亲密的关系。

»头目战的场面仍然是该系列的一大亮点,即使玩家们可能已经非常了解头目的弱点。

其明星系列能够充分运用其最畅销主机的核心技术,这也是合理的,因为这项技术肯定不能只用在《林克的十字弓训练》这样的作品中。

对 Wii 来说,《御天之剑》在它生命周期的后半段推出反而是件好事,因为它能够从之前的其他 Wii 游戏中吸取经验,并从其他体感游戏中汲取创意,然后将它们巧妙融合,为玩家带来焕然一新的游戏体验。更重要的是,它还能利用 2009 年发布的新 MotionPlus 配件,比起原来的遥控器,该配件能捕捉到更复杂、更精确的动作。换句话说,在游戏中,你挥舞手中遥控器的同时,林克也会挥舞他的剑,而次要的 Nunchuk 控制器则能举起盾牌进行格挡,这两项技术让身处客厅的你感觉自己比以往任何时候都更像一位英雄。

令人惊讶的是,开发团队在把 MotionPlus 技术应用到《御天之剑》中时遇到了许多困难,甚至一度想要放弃。幸运的是,《Wii 运动:度假胜地》(这款游戏中有个格斗小游戏)的发布为他们提供了所需的灵感。尽管游戏最终呈现的剑术还是做了一些妥协——游戏中的剑术动作看起来与玩家的实际动作完全一致,但你最

»遥控甲虫是《御天之剑》中最新的道具,也可以说是最特别的道具。(图中英文意思:返回。)

»倾斜 Wii 遥控器来控制林克跳伞时的着陆点,别忘了打开帆布!

再创辉煌

那些让《御天之剑》脱颖而出的特点

骑乘庭阁鸟

《御天之剑》中没有马，取代伊波娜的是一只大鸟，你可以骑着它在天空中翱翔。操控这只野兽非常简单，你可以通过 Wii 遥控器引导它上下扇动翅膀来上升，如果你需要降到云层以下，直接跳下来即可！

探测技术

当你在第一人称视角下握住 Wii 遥控器时，女神之剑可以作为一个奇幻金属探测器，通过发出哔哔声指引你朝正确的方向前进。这个功能最初用于寻找塞尔达的下落，随着冒险的进行，玩家还可以解锁一系列其他的探测目标。

体力

林克有了更多的动作组合，如奔跑、攀爬等，但这些动作都会消耗体力。所以你需要注意他的体力条，避免体力耗尽。不过，体力条的上限可以通过升级来提升。这种机制延续到了《旷野之息》中，而且在其他现代游戏中也很常见。

时移石

时空旅行一直是该系列游戏的重要内容，但能改变部分地点的时间的机制非常巧妙，因为你可以使用时移石在过去和现在之间穿梭以解决谜题，有时甚至可以将时移石从一个地方转移到另一个地方。

升级道具

在之前的《塞尔达传说》游戏中，你只能收集心心和卢比，但在《御天之剑》中，你还可以在世界里收集其他材料，用来升级你的道具，甚至可以升级药水。这基本上算是为《塞尔达传说》游戏引入了制造系统，只是这个系统的作用在某种程度上未得到充分发挥。

终能否刺穿障碍物或击中敌人，将取决于你在八个不同方向上的劈砍及向前的突刺攻击的准确性。游戏中还有一个特殊的招式——天空斩，只要将剑举到空中，就能

将海利亚女神的神力注入剑中并向敌人释放攻击。在某些情况下，这一招对于突破敌人的某些防御和解决脑筋急转弯非常重要。

同样，战斗本身也变成了一个有点类似谜题的存在，因为你需要判断应该朝哪个方向挥剑，才能突破敌人的盾牌，而不是盲目挥舞着剑还希望能砍倒敌人。这也是美术风格有效发挥作用的地方，因为夸张的角色设计意味着你可以快速对他们的肢体语言进行分析，例如持盾方向及潜在弱点，这样你就知道应该瞄准哪里，而不只是瞄准一个显眼的发光红点。

事实上，除了剑术，《御天之剑》的其他游戏机制还从一些小游戏里汲取了灵感。射箭就是另一个明显的例子，这些小游戏可以很容易地转化为林克的弓箭技能。你不再只是指着屏幕，而是真正把遥控器当作你举起的弓，同时把 Nunchuk 像弓弦一样向后拉。此外，玩家还可以像打保龄球一样捡起炸弹并让它们在地面上滚动，甚至可以通过倾斜手腕来控制炸弹的滚动轨迹。《Wii 运动：度假胜地》的"岛屿飞越"模式肯定也为操控新的飞行机械甲虫提供了灵感。正是这些体育游戏和其他更休闲的游戏中常见机制的运用，让你在探索整个系列中最棒的地牢时有一种真正成了英雄的感觉。

» 《御天之剑》中有几个种族在之前的《塞尔达传说》游戏中出现过，鼓隆族就是其中之一。

» 虽然开阔的户外区域非常适合探索，但地牢的设计仍然十分出色。（图中英文意思：道具。）

如果用随机敌人的前哨站代替海上航行，用骑着名为"庭阁鸟"的野兽在天空中飞翔代替岛屿间的穿梭，你会发现《御天之剑》的世界地图与《风之杖》的有很多相似之处。虽然你可以在接近一些较小的漂浮岛屿时对其进行探索，因为它们可能隐藏着宝藏或小游戏挑战，但这并不是严格意义上的开放世界，因为它只

你可以一直用老办法来获得卢比。

» 在《黄昏公主》之后，任天堂决定采用更为风格化的艺术手法，这对游戏的发展大有裨益。

» 敌人会透露他们即将格挡的位置，玩家可以很容易判断出该攻击哪里。然而，若出现大量的敌人，依然会很棘手。（图中英文意思：道具。）

是把林克放到一些选定的地点，然后载入另一个区域。不过，这并不影响云层之下一些环境的广阔性。虽然我们的目标通常是找到该区域的地牢，但地面上的大世界有更丰富的内容，让你可以利用手上的各种创造性机制，以至于让人感觉它们本身就是地牢，因为在进一步探索之前，你还需要解决一些谜题和完成一些挑战。

有了体感控制，在使用各种解锁的道具（如常见的弓箭和钩爪、稀有的鞭子和魔法壶）时，你可以获得更强的沉浸感。这些道具还可以在地牢解谜以外的场景中发挥作用，不像系列之前的某些作品中那些华而不实的钥匙，只能作为一次性道具使用。然而，这并不意味着这些地牢设计是完美的。值得诟病的一点是，你需要在冒险的后半段重新回到这些区域，但这些区域的地形已经发生了变化——比如法隆森林一半的区域突然淹没在了水下。由于环境的变化，你第二次到访奥尔汀火山时，需要潜行进去，以找回丢失的物品。更令人烦恼的是，当你必须进入这些区域的寂静领域版本时，你要完成收集所有神圣之泪的任务，同时还要躲避那些无法对抗的哨兵。

但在《御天之剑》的众多演变中，剧情方面的改进尤为突出。当然，你可能仍然无法在塞尔达自己的游戏中扮演她，但这次她也有了成长的过程。随着林克在游戏中逐步发现塞尔达行踪的线索，你能感受到她在逐渐认清自己的命运，这段心路历程也延续到了该系列后续的作品中。与此同时，魔王基拉希姆也在追捕塞尔达，他想利用塞尔达来实现复活终焉者的阴谋。游戏暗示了终焉者的邪恶力量是系列中反复出现的大反派盖侬的起源。

故事中最令人难忘的角色可能就是巴多了，这个看似微不足道的角色似乎只是一个欺负林克的恶霸。在游戏开始时，他甚至让手下的人诱捕林克的庭阁鸟，阻止他通过学院考试。尽管看到这个自负的家伙在意识到自己并非故事中的英雄后，不得不低头认错的场景让人感到满足，但游戏更让人佩服的地方在于编剧最终为他安排了整个系列中最精彩的救赎剧情之一，让他在故事中仍然扮演着重要的角色，甚至成为结局中少数有上镜时间的角色之一。而林克女神之剑中的精灵珐伊，则是一个饱受争议的引导角色。她总是频繁地从剑里跑出来，给出过多的提示、说明或提醒，让许多玩家失去了耐心。不仅如此，游戏中还存在一个奇怪的设定，即每当你开始新的游戏环节时，都会重复播放林克第一次拾取道具或材料的动画。珐伊也就自然而然成为许多感到懊恼的玩家的攻击对象。无论你是否觉得她烦人，当她最终要与林克分道扬镳时，你心中难免会涌起一股难以言喻的感慨与不舍。

　　毫无疑问，《御天之剑》之所以能给人带来更多的情感体验，部分原因在于它是该系列中第一款拥有全管弦配乐的游戏，且游戏还附赠了一张包含游戏音乐的音频CD，以示赞美。但这并不意味着之前游戏中使用的MIDI音轨不再是经典，只是《御天之剑》的主题曲，包括游戏主旋律《女神之歌》，在若井淑领导、任天堂传奇作曲家近藤浩治监督的现场管弦乐演奏下，确实达到了一个新的高度。为了完成这项

天空洛夫特的小帮手

感谢《御天之剑》最好的支线任务

　　天空洛夫特不仅是你在旅行途中经常返回的枢纽，也是游戏中最重要的支线任务的发生地。巴特鲁是一个友善的恶魔，他住在这座浮岛之下。他最大的愿望是变成人类，这样他就能和那些畏惧他外表的村民们一起生活。你需要获得感恩水晶的力量才能实现他的愿望。感恩水晶共有80块，可以通过完成支线任务、探索世界获得，也可以把它用于交易解锁其他奖励。

　　不过，你可以在天空洛夫特找到大部分的感恩水晶，当你帮助天空洛夫特的居民解决他们的个人问题时，你会经历一些最令人难忘的任务，这些任务包括帮助一位体弱的学生锻炼身体、寻找店主里丢失的甲虫等，甚至在一段三角恋中无意促成一段感情，同时收获一名意想不到的仰慕者。其中一些任务甚至有多个结局。但是，没有什么比看到别人对你的感激之情化为一颗明亮的发光水晶更令人满足的了。

You got five Gratitude Crystals!
These crystals are feelings of gratitude in crystallized form.

▶图中英文意思：你获得了五颗感恩水晶！这些水晶是感恩之情的结晶。

» 基拉希姆是一个令人生畏的对手，而且还是林克在游戏早期就要面对的对手。

» 如果你想升级装备，捕捉虫子是一项重要的消遣任务。

工作，游戏音效团队的规模扩大了一倍，从最初的五人小组变成了当时任天堂游戏中最大的音效团队。然而好笑的是，游戏中的音乐元素——竖琴，却设计得非常简单，这颇令人失望，玩家只需要以不同的速度左右挥动 Wii 遥控器即可演奏。

《御天之剑》在 2009 年的电子娱乐展览会上正式亮相，计划于 2010 年发售，但最终推迟到了 2011 年，这使得开发历时五年的《御天之剑》成为当时制作周期最长的《塞尔达传说》游戏，尽管这意味着它恰逢系列 25 周年纪念时推出，但它并没有让人失望，反而为这个里程碑交出了一份令人满意的答卷。凭借完美无瑕的打磨和创新，《御天之剑》展示了 Wii 的最佳性能，不仅获得了 *Edge* 杂志的满分好评，还击败了《上古卷轴 5：天际》和《黑暗之魂》等游戏，赢得了该杂志令人垂涎的年度游戏奖。然而讽刺的是，随着时间的推移，后两者反而获得了更多玩家的喜爱，而《御天之剑》却在不久之后被不公平地贬为不尽如人意的作品。

对于许多硬核玩家来说，在 Wii 生命周期即将结束、人们准备将其抛诸脑后时，一款专门采用体感控制的《塞尔达传说》游戏，无论做得多么出色，都已经是一个难以接受的存在了。尽管《御天之剑》有可探索的开放天空和相当广阔的大世界，但许多人还是觉得它过于线性，而出现有些频繁的教程又加剧了这一感觉，这种感觉在游戏开始的几个小时里最强烈。对于其他玩家来说，尽管体感控制确实让熟悉的机制又有了新的感觉，但自《时光之笛》以来一直沿用的套路已经开始失去吸引力。从根本上说，真正的新意不够，而且有些地方也过于重复（对反复出现的头目"被封印者"，我们还是少说为妙）。

虽然其中一些批评是有道理的，且提到的问题在重制版中得到了解决（见下页上方的方框中的说明），但这并不影响《御天之剑》的故事和地牢设计依然是该系列中最出色的——这两个元素让粉丝们回味无穷，因为它们在同样由藤林秀麿执导的颠覆之作《旷野之息》中出现的频率有所减少。当然，《御天之剑》和《旷野之息》是两款截然不同的游戏，但我们可以看到前者的创意在后者中得到了改编，例如，林克在做某些动作时体力条的变化；他的帆布最初只能用于一些功能，如骑乘上升气流或减缓坠落速度，后来进化成了功能更加丰富的滑翔伞，极大地丰富了玩家的移动策略。虽然海拉鲁大陆广阔无比，《王国之泪》似乎也要再次将我们带回天空，或许是为了发挥我们当初在天空洛夫特仰望云层时

再次高飞

《御天之剑》登录Switch

在 Wii 发售十年后，《御天之剑》以高清重制版的形式登陆任天堂 Switch。虽然原作的艺术风格是基于标清屏幕设计的，但其视觉效果并没有更清晰。这次重制版最终目的是鼓励已经放弃《御天之剑》的《塞尔达传说》粉丝再给它一次机会。

虽然体验《御天之剑》的最佳方式仍然是使用为 Switch 的分离式 Joy-Con 控制器优化过的体感控制，但现在玩家也可以选择传统的按键和摇杆控制，例如使用右摇杆来控制八个方向的剑击，或者按下摇杆进行突刺。

更重要的是，游戏的节奏得到了改善，你可以跳过对话和过场动画，而且每次重新启动游戏时都不会再收到关于拾取新道具或材料的信息，珐伊也不再频繁打扰你，不过她依然在你的剑中，便于你寻求帮助。换句话说，《御天之剑 HD》是游戏的最终版本。虽然该版本仍因限量发售的塞尔达和她的庭阁鸟的阿米宝（Amiibo）引起过争议。阿米宝提供了一种独特的快速旅行方式，让你可以随时随地在天空和地面大世界之间移动。

所看到的潜力。Wii 可能已经揭示了天空其实是有限制的，但即使在这些限制下，《御天之剑》仍然将目标定得很高，并且做得很出色。▲

» 《塞尔达传说》游戏中的敌人往往存在巨大的弱点，考虑到本作的体感控制，这样的设计很有帮助。

THE LEGEND OF ZELDA

A LINK BETWEEN WORLDS

塞尔达传说：众神的三角力量2

16位经典的继承者，极大地颠覆了
传统系列的结构

温艾伦（Alan Wen）

3D 视觉效果意味着一些过场动画的视角将不再是俯视。

多年来，《塞尔达传说》系列已经推出不少直接续作。《魔力面具》的故事发生在《时光之笛》的几个月之后，而 DS 上的《幻影沙漏》和《大地的汽笛》则延续了《风之杖》的故事及卡通艺术风格，当然，最新的《王国之泪》则是《旷野之息》的直接续作。虽然这些游戏在剧情上是延续的，但它们都发生在新的设定中。而《众神的三角力量 2》的情况比较特殊，它是 SNES 经典游戏《众神的三角力量》的直接续作——这款 3DS 游戏在日本超级任天堂上有不同的名字[1]，同时它也继承了前作的精神。

虽然《众神的三角力量 2》的故事发生在《众神的三角力量》的数年之后，但我们所处的海拉鲁无疑就是 SNES 游戏中的那个。当游戏启动时，你会发现它们之间的联系是显而易见的。你可以听到《众神的三角力量》主题曲标志性的旋律，同时镜头会扫过熟悉的地貌，只是这次它以 3D 形式呈现，而不是原来的 2D 精灵图。事实上，看看这两款游戏的世界地图，你会惊讶地发现它们是如此相似。而且得知有些东西并没有改变会让你感到欣喜，例如，你仍然可以在城堡桥下找到一个露宿的人，如果你和他对话，他还会给你一个瓶子。

故事开头的基调是有区别的。前作的故事开始于一个暴风雨之夜，我们的主人公在目睹了叔叔的死亡后不得不踏上拯救海拉鲁的征途，而《众神的三角力量 2》 ▶

---

①《众神的三角力量》在日本和欧美地区有不同的名字。它在欧美地区的名字是 *A Link To The Past*，意为"与过去的联系"。——译者注

非比寻常

《众神的三角力量2》新增的五个功能

融入墙壁

有了这项新技能,林克可以融入墙壁,穿越以前无法进入的区域,包括绕过壁架、火把和陷阱,同时还能对敌人隐身。但要注意能量条的消耗,一旦能量耗尽,你就会被迫离开墙壁,陷入尴尬的境地。

租借或购买

从一开始就租借道具意味着你可以按照任意顺序前往地牢,不过如果你被敌人击败,你将无法使用这些道具。还有一个更好的选择,那就是积攒卢比购买这些道具,这样就可以永久持有,而且,只有买下的道具才能进一步升级。

触摸屏

有了每秒 60 帧的性能支持,你可以通过使用 3DS 触摸屏的直观拖放库存系统来使用或装备库存中的道具。《风之杖 HD》和《黄昏公主 HD》也通过 Wii U 控制器实现了类似的触摸屏功能。

立体 3D

作为第一方发行的游戏,开发团队在利用任天堂 3DS 掌机震撼的 3D 效果方面投入了更多的精力。当林克或敌人做出跳跃动作时,这种效果最为明显,他们仿佛要从屏幕中跳出来一样。环境的高度和深度也比以前更加分明。

提示幽灵

这款游戏的提示方式不再像前几款游戏那么烦人,不过,如果玩家需要帮助,还是会有提示。在冒险的初期,林克从算命先生那里获得了提示眼镜。通过这副眼镜,你可以看到游戏里的提示幽灵,当你陷入困境时,它们会提供指引。不过,你需要使用在 3DS 睡眠模式下行走所获得的游戏币来换取这些提示。

▶ 则不同，它的故事开始于一个普通的晴天。林克是一个卑微的铁匠学徒，他的任务是在剧情进一步发展前把东西送到海拉鲁城堡。但从表面上看，这两款游戏有很多情节是完全相同的：林克必须再次找到三个纹章，然后从迷失森林中取回大师之剑，并拯救七位贤者，以救出塞尔达公主；反派又是一个邪恶的巫师，他要复活盖侬；林克还可以在海拉鲁和洛拉鲁这两个不同的世界之间穿梭。你可能会认为这只是一个经过美化的重制版，因为在 3DS 上已经移植了一个好看的《时光之笛》增强版。

然而，开发人员最初并没有想过回顾《众神的三角力量》。在《大地的汽笛》发布之后，该游戏的团队成员原本计划制作一款以交流为主题的 3DS《塞尔达传说》游戏，但这一构想最终被宫本茂以"过时"为由否决了。随后，他们提出了一个新概念：林克可以与墙壁融为一体，让游戏的视角能在 3D 和 2D 之间切换，这也非常适合展示掌机的立体 3D 效果。

这个概念获批了，并成为《众神的三角力量 2》的主要玩法之一。基于这一概念，林克能通过将身体挤进墙壁的裂缝中，在游戏中的两个领域之间穿梭。后来，宫本茂建议以《众神的三角力量》为蓝本来制作这款游戏。《塞尔达传说》系列的制作人青沼英二提议采用相同的地形和俯视角度，并放弃 DS 游戏中沿用的《风之杖》的卡通渲染风格。虽然这导致了一些乏味的低多边形视觉效果的出现，使其基于的经典精灵图的效果无法重现，但游戏的美术风格因 2D 版本林克的独特设计得救了，他就像一幅在墙壁上移动的活壁画。这也催生了游戏中的反派角色尤画——一个将人们（包括贤者和塞尔达）囚禁在艺术品中的巫师。这个想法显然也从《时光之笛》中会从画布里跳出来攻击林克的幻影盖侬身上汲取了灵感。

这种熟悉又怀旧的设定也为制作团队提供了重新思考和颠覆《塞尔达传说》传统的机会，尤其是地牢结构的设计。以往的《塞尔达传说》游戏中，当你找到一件新道具后，你就要进入下一个需要该道具的地牢，这种设定营造了一种线性的推进感。然而，在《众神的三角力量 2》中，你可以按照任意顺序探索地牢，这是自初代《塞尔达传说》以来第一次采用这样的设定。由于你从一开始就能在神秘的兔头商人罗维奥处租借到所有可用的道具，所以通过道具来限制游戏进度的传统做法就取消了。

NES 上的《众神的三角力量》根据地牢难易程度设定了隐藏的探索顺序，《众神的三角力量 2》则不同，它的地牢难度更为均衡，所以你可以自由选择任意一个地牢作为起点，不必担心会立刻遭遇惨败。这款游戏甚至没有一个固定的顺序，

除非玩家有意参考《众神的三角力量》中的地牢（两款游戏有许多名称相同的地牢，如龟岩地牢和沼泽宫殿），自行规划出一条"经典"路线。

知道用哪件道具能通关地牢才去租用它，可能会失去在宝箱中偶然发现新道具并找到它的使用方法的惊喜（尽管系列老玩家总会知道如何使用钩爪或炸弹），但谜题的解决方法可能会显得更有指导性。然而，当 Wii 平台上的《御天之剑》因进程过于线性而受到批评时，《众神的三角力量 2》的非线性设计无疑像一股清新的气息。这种自由度也意味着更少的手把手指导，不会每隔几分钟就跳出一个令人讨厌的向导告诉你应该怎么做，虽然还是会有一位古怪的女巫来帮助你在海拉鲁快速旅行，她还会在途中抛出一些尖酸刻薄的评论。任天堂将这一理念延续至《旷野之息》，为玩家提供了更大的自由度和非线性进程。

Wii U 和 Switch 上的《旷野之息》所欠缺的就是地牢，而《众神的三角力量 2》拥有大量的地牢，巧妙地构思了各种难题，让你在其中玩转光明与黑暗、火焰与冰雪，甚至与其他角色合作。就创意层面而言，这些地牢可以说是俯视角度《塞尔达传说》

在地牢中与墙壁融为一体可能会让你找到解决熟悉谜题的新方法。

和传统设定一样，林克在满血状态下可以使用剑光攻击。

得益于罗维奥的手镯，林克可以控制自己在壁画和实体之间切换。

游戏中最棒的地牢，尽管其 3D 视觉效果意味着它并不是"真正的"俯视角度，因为镜头倾斜的角度让我们可以看到角色的脸和身体。

《众神的三角力量》引入了多层空间的概念，为地牢增添了 3D 的纵深感和立体感。而在 3DS 的《众神的三角力量 2》中，林克能以壁画的形式在墙壁上穿行，进一步增强了这种效果。此外，3DS 的立体效果带来了更强的纵深感，使得这款冒险游戏成为与《超级马力欧 3D 乐园》和《路易吉洋馆 2》齐名的备受瞩目的第一方掌机游戏。尽管如此，同年 2DS 的发布意味着制作团队不得不修改设计，以确保玩家在不启用 3D 功能的情况下也能顺利解谜。

与此同时，《众神的三角力量 2》还恢复了一个令许多玩家感到欣慰的传统：按键操作。在 DS 平台上的《塞尔达传说》游戏中，虽然使用触摸屏控制林克可以让游戏变得更容易上手，但它并没有被核心传统粉丝所接受。3DS 游戏明智地放弃了这种操作，尤其是考虑到新的掌机备有一个圆形摇杆，可以实现直观的 360 度移动。没有了手指或触控笔的遮挡，你现在可以在顶部屏幕上看到林克和所有的动作。这种更可靠、更令人满意的控制方式与游戏流畅的每秒 60 帧的运行效果相得益彰。

触摸屏可以用来管理物品栏，增强了游戏的即时性，让人感觉像《众神的三角力量》一样流畅。

《众神的三角力量2》没有触摸控制或多人游戏的噱头，回归了基础的俯视角度《塞尔达传说》游戏，这是自2004年《不可思议的帽子》以来从未有过的，同时也开拓了探索游戏世界的新方式。这款游戏获得了广泛好评，不过有些评

» 玩过《众神的三角力量》的玩家会发现，游戏的第一个头目在很多方面都似曾相识。

论家认为，尽管可以自由选择探索某些地方的时间和方式，但与《众神的三角力量》过于相似的地图和地貌意味着探索过程中的惊喜会大打折扣。此外，游戏还是会有一些限制，比如不能租用特定的移动道具，如用于深水游泳的卓拉脚蹼。

《众神的三角力量2》唯一令人失望的是，它采用了《三角力量英雄》中相对缺乏特色的艺术风格。虽然《任天堂明星大乱斗》系列的创作者樱井政博喜欢这款游戏中的塞尔达形象，并将其用在了《任天堂明星大乱斗：特别版》中。然而，人们可能会在看到它简单的多边形图形时，认为它是2019年《织梦岛》重制版中更出色的立体模型风格的先驱，这要归功于Switch的高清画质。任天堂确实应该考虑在现代平台上重制这种风格的游戏，因为这款顶级掌上《塞尔达传说》游戏的传奇值得后代传承。▲

» 林克可以用龙卷风杖这件新道具生成旋风来帮助他移动。

洛拉鲁与希尔达

一个有着不同悲剧故事的平行世界

这个冒险故事与《众神的三角力量》有着相似的转折，在《众神的三角力量》中，海拉鲁王国有一个黑暗镜像版本，林克可以在两者之间穿梭，而游戏的后半段和游戏的大部分内容都发生在这个镜像世界中。但是，洛拉鲁并不仅仅是一个展示英雄任务失败可能性的黑暗平行世界，它是一个很久以前就已经衰败的王国，但它的世界仍然有自己的特色，包括它的统治者希尔达公主和它自己的三角力量。

对于洛拉鲁来说，更大的悲剧在于，它的衰落是因为人民为了力量相互争斗导致的。希尔达的祖先为了不让任何人拥有三角力量，选择摧毁它，但这也导致了王国的崩溃。更令人悲痛的是，洛拉鲁问题的真正罪魁祸首并非盖侬或尤画，而是希尔达。她利用这些邪恶势力，孤注一掷地想要用海拉鲁王国的三角力量来恢复洛拉鲁的三角力量。这个惊人的真相让希尔达成为令人同情的悲剧人物，她与我们之前在《塞尔达传说》系列中看到的其他公主截然不同。

THE LEGEND OF ZELDA™

Tri Force Heroes

塞尔达传说：三角力量英雄

作为《众神的三角力量2》的多人游戏续作，这款游戏继承了《四支剑》和《大地的汽笛》的精髓，为玩家带来一场疯狂的冒险

克里斯·席林（Chris Schilling）与德鲁·斯利普（Drew Sleep）

与朋友一起进行地牢探险永远不会过时，尤其是在出了搞笑的差错时。

游戏的整体设计让人想起《四支剑》和《四支剑＋》。

　　《三角力量英雄》是一款老式的欢乐游戏，虽然这样的评价对于《塞尔达传说》系列游戏来说很少见。在这里，系列放慢了脚步，从拯救世界的严肃任务中抽出身来，举办了一场化装舞会。没错，游戏里仍然有邪恶势力要对抗，还有一位公主需要解救。但在这个故事中，你需要把她从比死亡更糟糕的时尚命运中解救出来。因为女巫的诅咒，她在这个追求时尚的王国里只能穿一件单调的棕色连体服。因此，林克的任务就是冒险进入名副其实的"荒芜之地"，以获得一套全新的衣服。故事的设定表明了游戏的整体基调：与大多数《塞尔达传说》游戏相比，这是一款更加轻松愉快的冒险游戏，整个故事充满了喜剧色彩。

　　从故事和现实生活的时间顺序来看，《三角力量英雄》是《众神的三角力量2》的续作，但《三角力量英雄》的灵感其实来自更早的一款游戏。《大地的汽笛》监督四方宏昌在 2014 年接受 *Game Informer* 杂志采访时："我是《塞尔达传说：大地的汽笛》的首席游戏设计师，这款游戏引入了幻影林克的元素，玩家可以在控制幻影和林克之间来回切换。我一直对这种玩法很感兴趣，不过我想要的不是一个人在两个角色之间切换，而是两个人控制不同的角色。"

　　在制作《众神的三角力量2》时，四方宏昌重新提出了这个想法，并向任天堂提议制作《四支剑》的 3DS 续作。然而，这个提议没有被完全采纳，经过重新考虑，游戏被重新规划为一个独立的项目，支持三个角色参与游戏，而不是四个。在同一次采访中，四方宏昌向 *Game Informer* 坦承："我们尝试过四人游戏的想法，但说实话，这样人数似乎有点多了，会导致画面混乱，也不太符合我们的意图，所以我们把它缩减为三个人。"

　　游戏只支持多人模式的方案也被修改了，因为任天堂的领导层对此表示了反对。长期担任《塞尔达传说》游戏制作人的青沼英二强调了加入单人模式的重要性，指出不应该把单人玩家排除在冒险之外。四方宏昌后来透露，如果没有加入单人模式，后果将不堪设想。

199

《三角力量英雄》本身不是经典之作，而是一个非常有魅力的特例。它是一款合作冒险游戏，旨在让三位英雄团结起来攻克一系列地牢，他们并肩作战，甚至可以通过叠罗汉形成图腾，以便到达更高的地方或对抗头目。每个小任务都需要三名林克参与，所以没有双人模式。不过单人玩家可以带上两个分身，然后通过切换控制三个角色来解决谜题和吸引敌人注意。

> 每一套服装都能让你掌握不同的技能。（图中英文意思：忍者服。）

Ninja Gi

单人模式下，游戏没有太多的难题需要思考，因为分别操控三个角色比解决任何谜题都更令人头疼。表面上看，增加两个人似乎可以让探索变得更简单，但要成功地协调团队行动从来都不是一件易事，这也应验了那句"三个和尚没水喝"的俗语。

尽管如此，有了本地的合作伙伴，

三倍努力

是什么让《三角力量英雄》与众不同？

Spin Attack Attire

叠林克

在团队合作的名义下，三个林克可以叠罗汉，以达到单个林克三倍的身高。从游戏玩法来看，这意味着你可以更接近原本无法触及的交互对象，比如门开关或吸引人的充气气球。

混乱的交流方式

任天堂本可以在多人游戏中加入完整的语音聊天功能，但它选择了更混乱的方式。这种有限制的交流方式讨人喜欢，而当一个用心良苦的计划失败时，这种交流方式又显得非常滑稽。

为胜利着装

受到《幻影沙漏》中塞尔达幻影附身能力的启发，开发团队希望为游戏中的三位林克提供一系列可交换的技能，并通过穿着不同的服装来实现，这与海图比亚时尚前卫的设定也很相称。

每个人都站在同一战线上，最终还是会让事情变得简单。当你联网玩《三角力量英雄》时，它才会焕发出勃勃生机。当时，任天堂经常因其网络游戏缺少语音聊天功能而备受诟病，但语音聊天功能的缺失成就了这款游戏。在这里，交流方式限制在一套可爱的象形图标中。每当你需要你的伙伴跟随你、扔炸弹或背你到宝箱前时，你就点击这些图标。在《三角力量英雄》之前，很少有游戏能呈现出在缺乏有效沟通工具时尝试进行有效交流的那种微妙的挫败感。这通常会导致一些有趣且搞笑的混乱局面——特别是玩家可以故意曲解其他玩家迫切的指示，以此来捉弄那些缺乏耐心的玩家。

玩家可以通过组成图腾来获得力量，但《三角力量英雄》始终无法与GameCube 上卓越的《四支剑 +》相提并论。《三角力量英雄》中的地牢设计要同时满足单人玩家和多人玩家的需求，同时还强迫多名玩家共享一个生命条，削弱了游戏中的趣味竞争元素，而这种元素正是 GameCube 上最受欢迎的游戏元素。尽管如此，如果事实证明四把剑比三把剑更好，那么《三角力量英雄》那富有感染力的轻松氛围和时尚的乐趣也往往会让人难以抗拒。

任务导向的大乱斗

《三角力量英雄》是一款多人冒险游戏。虽然我们很希望制作出一部庞大的、相互关联的《塞尔达传说》式史诗，但这在有三名玩家的情况下很难实现。因此，我们采用了一种更小巧、更适合多人游戏的关卡结构。

三重威胁

三个可玩角色有点奇怪，对吧？嗯，这是有一定道理的。因为在测试游戏时，制作团队发现四个林克太多了，而且会让 3DS 小屏幕上的动作显得过于繁杂。

Over here!

THE LEGEND OF ZELDA

BREATH OF THE WILD

塞尔达传说: 旷野之息

《旷野之息》的总监藤林秀麿讲述林克是
如何融入开放世界的

克里斯 · 席林（Chris Schiling）

一般而言，藤林秀麿（见下图）可以算是业内资深人士了。毕竟，他从1995年加入卡普空以来就一直在制作游戏，而在某种程度上，他作为关卡设计师的时间则更长，因为他此前曾负责过规划日本主题公园鬼屋的布局。事实上，他与《塞尔达传说》的渊源可以追溯到20多年前Game Boy Color的《不可思议的果实》系列的两款游戏。

然而，任天堂是一家不一般的公司。因此，随着宫本茂、青沼英二、手冢卓志等老将退居二线，在幕后工作了20多年的藤林秀麿发现自己被推到了聚光灯下。藤林秀麿与小泉欢晃、高桥伸也及《斯普拉遁》的制作人野上恒等人一起，代表了任天堂的新面孔。尽管对这些在公司工作多年的员工来说，"新"这个字有点夸张。

在《旷野之息》发布时，总监藤林秀麿才44岁，相对其他人来说还比较年轻。他第一次接触《塞尔达传说》系列是在《时空之章》和《大地之章》的开发期间，当时他负责整合卡普空团队的游戏概念，并汇报给宫本茂。他被任命为游戏的总监和联合编剧，想必是他的组织能力给上司留下

» 把旅途中收集的物品扔进烹饪锅里，可以做出一些能提升属性和恢复生命值的料理。

※ 林克在沉睡百年后醒来，发现他钟爱的海拉鲁已成为一片废墟，这都是拜灾厄盖侬所赐。

了深刻印象，后来他还设计了连接两款游戏以获得特殊结局的密码系统。

还有谁能比一个曾连接两款游戏中的林克的人更适合负责一款新的《塞尔达传说》游戏呢？这是一款既要跨越两代硬件平台，又要缩小既有理念与大胆的新视野之间差距的游戏。然而藤林秀麿表示，他花了好长时间才为《旷野之息》找到新的重点。他回忆说："这个想法不是一开始就成型的。我花了很长一段时间来构思，直到最终形成我认为是《旷野之息》玩法的基础：攀爬和滑翔降落的概念、'生存'这个关键词，以及'组合创意'的概念，即玩家可以利用他们与地图上物品交互产生的效果，例如用火点燃木头来生火。我最终提交的就是这个基础玩法。"

对于藤林秀麿来说，《塞尔达传说》首先是一款解谜游戏。从遍布整个大陆

> ## 66 但我认为这个系列的核心玩法与 30 年前相比并没有什么变化。99

的众多神庙（基本上是独立的小型地牢），到挡住去路的那些波克布林，《旷野之息》都和之前的作品一样，围绕着一系列需要玩家提出假设并加以验证的情况进行设计。他表示这从一开始就是《塞尔达传说》游戏的核心魅力所在，这在他成为开发者之前，作为一名玩家时就已经感受到了。他解释说："虽然游戏的外观和感觉随着时代的变化而变化，但我认为这个系列的核心玩法与 30 年前相比并没有什么变化。我想这是因为，即使该系列的解谜元素在玩家与之互动的具体方式上因时代的变化而有所改变，但其中的乐趣——我自己小时候第一次玩时体验到的乐趣，在最近的《塞尔达传说》游戏中仍然存在，甚至完全没有改变。"

藤林秀麿认为，只要这个核心——他称之为"规则"的存在，保持不变，那么游戏就可能产生无限的可能性。他是一个很有想法的人，热衷于在他负责的每一款新游戏中尽可能多地融入自己的想法。他说："每当我们有了新硬件、新功能或 ▶

205

海利亚人的日常

藤林秀麿分享了他对《旷野之息》故事的见解

挑战在开放世界框架内讲述一个引人入胜的故事也许不是一件新鲜事，但这对《塞尔达传说》来说是一个新的尝试。藤林秀麿和他的团队是如何处理这个问题的呢？他说："我和开发人员在这方面付出了很多努力，但我不能透露太多，因为我不想剧透。关于实际故事，我可以说的是，游戏开始时，林克在一个山洞里醒来，他失忆了，不知道自己要做什么。同样，玩家也不知道林克为什么会在那里，玩家拥有和林克完全相同程度的认知。如果是你遇到这种情况，你会怎么做？你会如何寻找自己的身世和探索这个世界？"

"你对这个问题的回答可能就是我们的解决方案，这让你可以在这种'开放式'的游戏中体验丰富的故事。"

01

02

» 01 每只神兽都承载着 100 年前被盖侬打败的勇者的灵魂，达尔克尔的灵魂就是其中之一。
» 02 这些剑也许看起来很不错，但不要对它们投入太多感情，因为它们是有耐久度的。
» 03 你可以根据自己的需要更换林克的装备和服装。

03

▶ 新的开发环境，我就想告诉大家我的一些新想法。它们能将我以前玩游戏时感受到的那种乐趣，以一种新的方式融入游戏中。如果你经常问自己能把什么和这个规则相结合，那么你就会有源源不断的新想法，这是我在制作《塞尔达传说》游戏过程中学到的。"

» 海拉鲁王国虽然已经灭亡，但它的各种族仍在延续，林克将前往卓拉族、瑞托族、鼓隆族和格鲁德族的领地。

《旷野之息》引入了许多新元素，如制作、烹饪、可损坏的武器和装备、基于物理原理的难题，以及能给环境带来实际影响的逼真天气。对于藤林秀麿这样的先驱者来说，这些都不在话下，因为林克是一系列任天堂硬件功能的倡导者，如《四支剑》中的 Game Boy Advance 连接线、《幻影沙漏》中的 DS 触摸屏和麦克风，以及《御天之剑》中的 Wii MotionPlus。从这个意义上说，《塞尔达传说》系列的英雄主角不仅是任天堂的吉祥物，也是任天堂理念的代表。我们不禁要问，究竟是什么让林克如此适合展示任天堂硬件的实力？

藤林秀麿说："其实，我觉得特别适合展示任天堂硬件实力的并非只有《塞尔达传说》游戏。不过，解谜是《塞尔达传说》游戏的根基，所以可能是因为解谜游戏让我们能以一种非常容易理解的方式展示硬件的新功能。"他接着给我们剧透了一点点："在这个故事中，林克一开始醒来时只穿了一条内裤。我认为，作为玩家在这个世界中的化身，他之所以能够扮演各种不同的角色，正是因为我们把他塑造成了一个非常中性的角色。"

如果说林克适应能力很强，那么《塞尔达传说》这个系列也是如此，它不断发展变化，但也保留了一些经典元素。《魔力面具》虽然使用了大量重复的资源，但其结构与前作完全不同；《大地的汽笛》也借鉴了《幻影沙漏》的操作方式，但以自己独特的方式展开探索。藤林秀麿执导的《御天之剑》在地牢和中心区域之外几乎没有任何探索空间，而其续作的广阔世界则一直延伸至目光所及之处，甚至更远。对于《塞尔达传说》不像其他许多同类游戏那样乐于改变的原因，藤林秀麿有自己的见解。

他谨慎地开始说道："《塞尔达传说》系列的历史非常悠久，因此我想提一下，我接下来要说的很多话都包含一些我自己的猜测。我认为原因或许是，尽管监督会换，但在整个系列中，我们制作游戏的目的都是为了让玩家获得一种特殊的感受或体验。这是一种普遍的体验，一种无论在哪个时代都存在于每个人心中的感觉，一种不会因为你所持观点的不同或文化背景的不同而受到影响的感觉。可能会有语言障碍，

先行测试

如何利用游戏测试协调团队

《旷野之息》是任天堂当时最宏大的项目，公司内部的员工需要一些额外的协助才能完成。《异度神剑》开发商 Monolith Soft 约 100 名员工向其提供了帮助。召集如此规模的员工并非易事，尤其是在制作一款变数如此之多的游戏时。但正如藤林秀麿解释的那样，这也并不像你想象的那么困难。他说："由于这个项目规模相当大，我们在制作游戏的同时，也会不断提出关于游戏功能和玩法的新想法。在这个过程中，开发决策和实际做出来的游戏存在不一致是无法避免的。因此，在开发过程中的各个重要阶段，我们会让所有开发人员都花大量时间试玩已经制作好的游戏，并了解我们遇到的问题。"

这听起来似乎很费时间，但藤林秀麿表示，这实际上成了一条有效捷径，最终不但没延长开发时间，甚至还缩短了。"通过重复这个过程，监督人员只需指出问题，游戏开发人员就能很容易地了解问题所在，从而避免在关键领域的决策或方向上出现分歧。此外，通过游戏测试了解游戏的整体情况，我们的开发人员还能了解身边同事的工作内容，这就是横向信息共享。职责不同经常导致信息无法共享，而我们打破了这一界限。"

这种合作方式使员工能够轻松地与其他同事交流信息，鼓励他们分享彼此的想法。藤林秀麿说："显然，这对游戏制作产生了巨大的影响。例如，这款游戏中的敌人确实有很多独特的动作。如果你扔出一枚炸弹，他们可能会将炸弹踢飞或扔回给你，也可能会捡起并使用别人落下的武器。这些动作的创意源于各个领域的员工。他们发现了一些有趣的概念，并将其提了出来。"

但它并非不可跨越。任何人都能理解玩九连环这类玩具破解时的兴奋，对吧？我说的就是这种体验。我认为正是因为《塞尔达传说》游戏是为了这种珍贵的感觉而打造的，所以它才具有如此强的适应性。"

一个例子：林克有个任务是要渡过一条冰冷的河。为了安全过河，他必须砍倒一棵树，然后将树干推入水中。这只是藤林秀麿所说的《旷野之息》利用"感官和直觉"解谜的一个缩影。为了打造出更多这样的精彩瞬间，他的团队付出了很多心血。

当然，解决问题是游戏设计的固有特点：过去十五年来，藤林秀麿工作的一部分就是寻找创新硬件使用的方法，就像林克必须从背包里掏出合适的工具来应对当前的困境一样。这次的不同之处在于，《旷野之息》是一款跨平台游戏，为通用于两种格式而设计，因此不可能受限于任何特定的硬件功能。藤林秀麿并没有从自己负责的《塞尔达传说》游戏中寻找灵感，而是选择了他作为玩家一直喜欢的一款游戏。

变成废墟的海拉鲁仅通过其环境来讲述故事，你需要自己去推测某些地区发生了什么。

除了伊波娜，林克还可以训练其他不同的马。

攀爬机制简单而优雅。只要有足够的体力，你几乎可以在任何地方攀爬。

66 如果不把系统做得太复杂，而是尝试重现第一款《塞尔达传说》游戏的娱乐性和乐趣，那将会很有趣。 99

藤林秀麿说："我们没有必要围绕某种特殊的游戏机制来构建玩法。这预示着我们将回归本源。我认为，如果不把系统做得太复杂，而是尝试用我们现在的平台重现第一款《塞尔达传说》游戏的娱乐性和乐趣，那将会很有趣。在研究这个想法时，我意识到初代《塞尔达传说》允许玩家自由探索广阔的世界；玩家会寻找他

服装的力量

在整个系列游戏中，林克都可以提升他的生命值、体力值（以及魔法值），但《御天之剑》首次为系列引入了可升级装备的概念。在《旷野之息》中，制作系统得到了极大的扩展，包括类似《怪物猎人》的烹饪系统，让玩家可以将各种材料（包括食物、植物和怪物部位等）组合在一起，而且还有各种衣物，例如可以让林克抵御寒冷的棉衬衫。

藤林秀麿解释说，像开放世界一样，这些功能也是为给玩家带来更大的自由度而设计的。"能力提升、道具和装备等系统都是为此设计的。要怎么玩《旷野之息》由你决定。这意味着不同的玩家可能会有截然不同的游戏体验。有些玩家可能会收集大量食物和药水来恢复心心和体力，这样他们就能从任何过失造成的损伤中恢复过来；其他玩家可能会通过改进和强化服装及装备来克服困难。"因此，玩家可以根据自己的游戏风格，在一定程度上控制他们所面临的挑战——藤林秀麿非常清楚，这其中包括那些宁愿提高难度也不愿降低难度的玩家。他说："有些人可能会凭借自己高超的弓箭技术，只穿着内裤就通关了游戏！《旷野之息》的系统使得所有这些玩法都成为可能。"

们想要征服的地牢，并探索到达那里的方法。这个主题与《旷野之息》非常契合。"《塞尔达传说》的未来应该深深扎根于它的过去，这对于一个时间线备受争议的系列游戏来说，其实再合适不过了。

尽管如此，希卡石板（一种形状与 Wii U 控制器非常相似的多功能道具）的存在，总会让人想起《旷野之息》最初是围绕单一硬件设备打造的。决定为 Switch 开发并发行这款游戏也是在 2016 年春天。青沼英二已经谈到了这一决定给开发团队带来的"巨大额外负担"：从两个屏幕到一个屏幕的转变，促使游戏的控制方式发生了变化。然而，藤林秀麿在回顾这一特殊情况时，展现了出色的交际才能。他回忆说："当然，我们在时间上没有很多回旋的余地。但作为总监，我对此并没有太焦虑。在我们的制作人青沼英二先生的具体指导下，我们的工作进行得很顺利，这给我留下了非常深刻的印象。就我个人而言，开始时，我考虑的是任天堂 Switch 硬件有

» 像拼图盒子一样的神庙分布在海拉鲁各地，每个神庙都有一个谜题等你解决。

» 战斗是非常标准的《塞尔达传说》玩法，加入了有耐久度的武器和更厉害的敌人等。

格鲁德沙漠非常炎热，因此在探索其广阔领域时，要相应地穿衣或脱衣。

什么功能，最后想的却是我们是否可以加入任何新的想法，现在回想起来，这可能不是当时应该考虑的问题！"

藤林秀麿曾执导过掌机和家用机平台的《塞尔达传说》游戏，这可能使得这次转变比预期的要容易一些。现在他发现自己所负责的游戏，至少在其 Switch 版本中，能够同时具备掌机和家用机的功能特性。他表示，两种平台之间最关键的区别显而易见，那就是性能。他说："《不可思议的果实》和《不可思议的帽子》都是在 Game Boy Color 和 Game Boy Advance 上发布的 2D 像素艺术风格游戏。在画面表现上，它们根本无法与 Wii、Wii U 或 Switch 相提并论——动画的种类、文本显示、音频及存储空间，都完全没有可比性。最显著的区别在于，我们无法再在图像方面蒙混过关了。我们以前留给玩家的想象空间现在都可以真实地展现出来，因此继续使用以前的表现方法会给玩家带来一些非常奇怪的体验。"

藤林秀麿表示，除此之外的制作过程都非常相似。自《不可思议的帽子》以来，他制作《旷野之息》的基本游戏逻辑的方法并没有发生很大变化。他并没有对此进行解释，而是说："对于玩家来说，通过玩游戏来亲身体验我们是如何在两种不同风格之间寻求平衡的，可能会更有趣。"

提及玩游戏，藤林秀麿自然没有太多空闲时间玩电子游戏。不过几年前，有两款成功的独立游戏给了他很多启发。他告诉我们："玩《我的世界》和《泰拉瑞亚》给了我很多灵感。我能够从这些游戏的玩法及其中蕴含的可能性中学到东西。我能从中学到冒险和探索的感觉，以及其激发好奇心的方式。" ▶

时空英雄

通过藤林秀麿负责的《塞尔达传说》游戏作品，回顾他的职业生涯

很高兴见到你，年轻的英雄。

《塞尔达传说：时空之章》《塞尔达传说：大地之章》（Game Boy Color，2001 年）

藤林秀麿开发他的第一款《塞尔达传说》游戏时，还在卡普空旗下的 Flagship 工作室工作。这款游戏原计划以三部曲的形式呈现，代表三角力量的三个部分，但最终其中一款游戏取消了，留下了以解谜为主的《时空之章》和以动作为主的《大地之章》。这两款游戏可以连接起来构成一个故事，引出隐藏结局。

《塞尔达传说：四支剑》

（Game Boy Advance，2002 年）

从连接游戏到连接玩家：藤林秀麿的下一个项目是这款与 GBA 重制版《众神的三角力量》捆绑在一起的多人冒险游戏。这款游戏融合了合作和竞技玩法：玩家需要合作才能在随机的解谜地牢中取得进展，而拥有卢比数量最多的玩家将获得额外的奖励。

如果你能在去找大精灵的路上收集到很多卢比，

《塞尔达传说：不可思议的帽子》

（Game Boy Advance，2004 年）

在卡普空最后一款《塞尔达传说》游戏中，林克戴上了不可思议的帽子，缩小到昆虫大小，因此，丘丘等普通敌人变成了高大的头目。此外，《四支剑》中的反派角色古夫也在这款游戏中回归，而后来在 3DS 多人游戏《三角力量英雄》中出现的道具魔法壶也在这里首次登场。

《塞尔达传说：幻影沙漏》（任天堂 DS，2007 年）

在卡普空关闭 Flagship 工作室后，藤林秀麿成为任天堂的员工。《幻影沙漏》借鉴了《风之杖》的卡通渲染风格（和航海元素），采用了巧妙的触控笔控制和一个中心地牢（备受争议的海王神庙，一个玩家必须反复探索的地牢）。

《塞尔达传说：御天之剑》（Wii，2011 年）

藤林秀麿为家用机制作的第一款《塞尔达传说》花了五年时间才完成。开发的压力迫使他装病请假，在家里闭关，这样他就可以花一天时间编写游戏情节。游戏的体感控制战斗虽然没有得到所有玩家的认可，但也有很多玩家赞赏它打破了系列游戏的传统。

《塞尔达传说：旷野之息》（Switch/Wii U，2017年）

藤林秀麿表示，《旷野之息》的制作理念是对系列游戏传统的重新思考，但他并没有简单地进行重新设计。他说："我们不会改变《塞尔达传说》游戏的真正本质，我们只是改变我们的制作方式。"除了《四支剑 +》，这是第一款使用自动保存功能的主流《塞尔达传说》游戏。

▶ 这些虚拟世界可能为《荒野之息》提供了一些指引，但现实世界对其发展方向的影响更大。藤林秀麿兴奋地向我们透露，他加入了一个探险俱乐部，定期与任天堂的其他员工一起参加户外活动。他解释道："（我们）会进行一些活动，比如洞穴潜水，你必须下到水里才能进入洞穴，还有漂流等。我知道这在西方可能不是什么大事，但在日本，这可是非常刺激的冒险！"

藤林秀麿对户外活动的热爱在林克身上表现得淋漓尽致，在《旷野之息》广阔的环境中也是如此。虽然这是一款奇幻游戏，但它的世界是第一个与我们生活的世界如此相似的《塞尔达传说》世界。我们很容易会把这个世界的规模和开放性看作是对《御天之剑》紧凑空间的一种回应，然而，尽管藤林秀麿承认他们一直有考虑粉丝的反馈，《旷野之息》在环境设计方面的显著变化却与大家对 2011 年 Wii《塞尔达传说》游戏的批评没什么关系。

藤林秀麿说："我们并没有过多地回顾《御天之剑》，尽管我们确实添加了一些在《御天之剑》开发过程中行之有效的内容，并改进了一些我们认为可能有问题的地方。我们现在还增加了新内容，比如你基本上可以在任何地方攀爬，可以从高处跳下，可以在你想要的地方滑翔。我们必须考虑这个玩法适合哪些地形。在游戏中，你甚至可以从高到看不清湖面的悬崖上直接跳进湖里。我们怎样才能在一个想去哪里就去哪里的地方创造出惊险刺激的冒险呢？这就是我们在制作《旷野之息》时考虑的问题。"

说到悬崖和湖泊，让人想起了藤林秀麿的导师宫本茂的趣事。宫本茂向来都是从自己的爱好而不是其他游戏中汲取灵感。他曾回忆起在神户（日本最大的城市之一）附近的一次徒步旅行中，他发现了山顶上的一片大湖，并把这次经历运用到了初代《塞尔达传说》的创作中。藤林秀麿将初代《塞尔达传说》和他对户外活动的热爱作为《旷野之息》的主要灵感来源，这仿佛让整个系列回到了起点——只是现在任天堂拥有了能真实重现这种感觉的技术。这提醒我们，尽管这是一次象征性的换代，任天堂的老将们会为新一代设计师、或许还有未来的导师们让路，但前辈们留下的遗产一如既往的重要。

> 66 从制作《不可思议的果实》系列游戏以来，宫本茂对我的教导让我明白了《塞尔达传说》游戏该有的模样，他的教导影响最为深远。99

藤林秀麿总结说："从制作《不可思议的果实》系列游戏以来，宫本茂对我的教导让我明白了《塞尔达传说》游戏该有的模样，他的教导影响最为深远。我真的觉得，我能在这里担任《塞尔达传说》的开发人员，不是因为知识或经验，而是因为这里的人。" ▲

» 元素效果以惊人的方式与世界相互作用，为玩家提供了一个实验场。

» 游戏中有一个广为人知的片段，林克为了潜入全是女性的格鲁德族，穿上了她们的服装。

一个林克连接所有玩家

　　宫本茂曾谈到任天堂在《马力欧》游戏开发理念上的转变：最近的几款游戏对新玩家更友好，而《超级马力欧：奥德赛》则标志着任天堂又回到了《超级马里奥64》和《超级马力欧阳光》的时代。《塞尔达传说》是否也会走类似的道路？藤林秀麿是否会将《旷野之息》的目标受众锁定在老玩家身上？藤林秀麿说："举个例子，《旷野之息》确实出现了很多《塞尔达传说》系列老玩家知道的部族，如鼓隆族、卓拉族、瑞托族和格鲁德族；故事围绕着传说中的大师之剑展开，你也会听到'盖侬'这个关键词。诸如此类的内容还有很多，但这些只是为了回馈那些长期支持该系列的玩家。"

　　"（但是）在游戏玩法方面，我们想做一些新尝试，以及简化解谜过程，因此我们在打破以往《塞尔达传说》的常规和回归本源的主题上做了大量工作。所以，即使是没玩过《塞尔达传说》的玩家也能轻松上手这款游戏。这绝对不是一款只为《塞尔达传说》系列的老玩家制作的游戏。"

THE LEGEND OF ZELDA™

TEARS OF THE KINGDOM

塞尔达传说：王国之泪

这款备受期待的《旷野之息》续作蕴含着无限的可能性

德鲁·斯利普（Drew Sleep）

你永远猜不到任天堂会在新的《塞尔达传说》中为我们带来什么。如果一定要说的话，那就是该系列游戏总会给我们带来意想不到的内容——无论是横版视角的革新、卡通渲染的风格还是身临其境的开放世界。然而，该系列的直接续作并不多见，所以当任天堂透露其计划推出的冒险游戏将采用传统续作路线，直接延续《旷野之息》的故事时，我们的惊讶可想而知。

话虽如此，《塞尔达传说》也曾按时间顺序推出过续作。例如，《魔力面具》的故事就直接承接了《时光之笛》的结局。《王国之泪》从任天堂 64 的二部曲中汲

虽然有全新的漂浮岛屿，但这款游戏的视觉效果与《旷野之息》非常相似。

取灵感，采用了与《旷野之息》非常不同的浮岛，还借鉴了《御天之剑》的设定，林克能再次翱翔于云端，让《塞尔达传说》系列游戏正史上最早和最新的作品在主题上形成呼应。

飞行和滑翔是《王国之泪》设计的核心部分，它的外观和感觉很像《旷野之

> **《王国之泪》采用了与《旷野之息》非常不同的浮岛**

» 林克拥有了新的滑翔伞。希望它足够坚固，能够承受高层大气的考验。

» 玩家可以借助这个飞行装置在新《塞尔达传说》的海拉鲁岛上四处移动。

» 这些在云间的跳跃让我们想起了《御天之剑》……

息》，探索、制作和所有精彩内容再次出现。藤林秀麿回归担任总监，因此这次冒险的精彩程度甚至超过前作。

新《塞尔达传说》游戏总能让人兴奋不已，《国王之泪》于 2023 年 5 月发售，现在玩家已经可以体验到这趟刺激的海拉鲁天空之旅了。

大师之言

世界第一的冒险游戏系列之幕后英雄告诉我们为什么《塞尔达传说》如此特别

利·洛夫戴（Leigh Loveday）

不仅《塞尔达传说》游戏的开发团队从原来的 20 人发展到数百人，游戏画面也从简单的 2D 发展到令人瞠目的 3D 世界。从《塞尔达传说》诞生之初，就有三位关键人物策划着林克冒险的每一步：系列创造者宫本茂、多部 3D《塞尔达传说》游戏的总监青沼英二，以及任天堂的中坚力量手冢卓志，他执导并制作了一半以上的《塞尔达传说》游戏。在这里，这些大师将就他们创作的系列游戏发表自己的见解。

宫本茂

这位任天堂最著名的开发者现在负责监管公司制作的每一款游戏，但他对《塞尔达传说》情有独钟。在尝试构思一些与《超级马力欧兄弟》系列不同的东西时，他想出了初代《塞尔达传说》的概念，灵感源于他童年的冒险经历和永不满足的好奇心。从那时起，宫本茂就开始管理《塞尔达传说》系列游戏。虽然他最后一次直接指导的游戏是《时光之笛》，但在系列游戏的宏大构思和细节关注上，没有人比他更负责。

你知道吗？

虽然宫本茂左右手都能熟练使用，但他更喜欢用左手，而林克在《黄昏公主》和 Wii 的体感控制方式出现之前一直是左撇子。

宫本茂的见解

第一部《塞尔达传说》
"在我制作《塞尔达传说》时，它还非常普通，我没想到这种类型的游戏会成为主流。我真的没想到会得到这样的反响，剑与魔法的世界在当时真的算不上主流。"

好奇心
"如果在大街上，你抬起头，看到一些按常理不应该出现在那里的东西，你会怎么做？你要么摇摇头，置之不理，要么接受这个世界比我们想象的要复杂得多的事实。也许它真的是通往另一个地方的大门。如果你选择走进去，也许会发现许多意想不到的东西。"

恐惧
"在《塞尔达传说》系列游戏中，我一直试图让玩家相信自己身处一个微型花园。因此，我面临的挑战始终是如何让玩家在感到舒适的同时又感到非常害怕，这是一个巨大的挑战。"

秘密
"因为《塞尔达传说》是一款冒险游戏，所以你必须寻找很多东西，而很多东西可能会很难找。当你在游戏中的钓鱼塘待上很长时间，或者想在那里做很多事情时，可能会触发一些事件。你可以找到黄金骷髅。你可能要在能找到虫子的地方寻找它们。如果你有一根德库木棒，还发现了一些四处飞舞的蝴蝶，可以让它们跟着你，有时这样会发生特别的事情……"

公式
"这与平衡相关。我的成功公式是，游戏 70% 的内容应该与目标有关，剩下的应该是秘密和探索，比如初代《塞尔达传说》中通过烧树来寻找隐藏的地牢入口。"

未来
"我想实现一种非常逼真的氛围或效果。例如，当你去到地牢，你仿佛可以闻到地牢的气味（笑）；你甚至可以在同一水域中，看到冷水和热水的差异，实现这样的效果是我的梦想。"

青沼英二

　　与宫本茂和手冢卓志相比，青沼英二参与《塞尔达传说》系列创作的时间相对较晚。他最初是《时光之笛》的地牢设计师，给宫本茂留下了深刻印象，之后就被任命为下一款《塞尔达传说》游戏《魔力面具》的总监。从那以后，青沼英二执导了很多款《塞尔达传说》游戏，并担任了更多作品的制作人。

Alamy 图库

你知道吗？

青沼英二在大学的最后一年，学习了 3D 物体内部的结构设计，并认为这些知识对他设计《时光之笛》中复杂地牢的内部结构大有帮助。

青沼英二的见解

第一次

"我加入任天堂时，《众神的三角力量》已经推出，所以我第一次接触《塞尔达传说》不是作为一名设计师，而是作为一名玩家。我发现这款游戏有很多其他游戏没有的东西，它也成为我游戏设计理念的参考。"

探索

"对我来说，《塞尔达传说》一直是一款探索游戏。你以为自己什么都知道，但你错了。在我们选择创造的世界中，总有一些东西隐藏在你不知道的地方，你可以从中找到新奇的事物，亲自去探索，这种惊喜令人愉悦。"

《塞尔达传说》的道具

"有时我们会重复利用相同的道具，有时不会，这要视具体情况而定。以《幻影沙漏》为例，我们可以再次使用回旋镖，但这次它是通过触控笔在触摸屏上操作的。因此，即使我们要用一件旧道具，我们也要想出一种新的方法来利用它，不然我们肯定会想这不是最终版，这不够独一无二，配不上《塞尔达传说》。"

与宫本茂共事

"宫本茂先生在一封邮件中写道：'我们做游戏是为了娱乐大家，但这部分完全达不到这个目标。'这句话深深地印在我的脑海里。他接着写道：'我们希望玩家喜欢这款游戏，但究竟怎样才能让他们喜欢你做的东西呢？'当你静下心来思考，就会发现我们做游戏就是为了让玩家开心，这点显而易见。但他的话让我再次意识到了这一点。"

他最喜欢的《塞尔达传说》游戏

"我最喜欢《时光之笛》。这款游戏对我来说真的很特别，它是我参与制作的第一款《塞尔达传说》游戏，也是第一款 3D《塞尔达传说》游戏。在与这样一个才华横溢的团队合作过程中，我学到了很多东西。即使是今天，在制作新的《塞尔达传说》游戏时，我们仍能从《时光之笛》的经验中获得启发。"

手冢卓志

手冢卓志是《塞尔达传说》历史背后的"黄金三角"中知名度最低的一位，但他参与了每一款《塞尔达传说》的制作，并在其中一半以上的游戏中担任监督或制作人。手冢卓志从第一款《塞尔达传说》游戏开始就参与了该系列游戏的制作，不过他主管的第一款《塞尔达传说》是 Game Boy 上的《织梦岛》。已故任天堂社长岩田聪曾说："手冢卓志先生完全是按照自己的想法来做的。"这使得《织梦岛》成为最受粉丝们欢迎的作品之一，也对系列的未来产生了巨大影响，而手冢卓志对《塞尔达传说》的影响远不止于此。

你知道吗？

手冢卓志与宫本茂合作的第一款游戏是 NES 的《恶魔世界》，该游戏于 1984 年在日本发行，并于 2008 年在欧洲发行！

手冢卓志的见解

《塞尔达传说》的设计理念

"我们最终决定做一款实时冒险游戏。没有人喜欢通过在菜单里选择"推"或"拉"来实现相应动作。如果他们要推东西,他们就想要在物体后面用点力推。"

《织梦岛》

"我们原本没打算特地为 Game Boy 制作《塞尔达传说》游戏,但我们想试试看效果如何。所以一开始并没有正式的项目。我们在正常的工作时间做正常的工作,然后把这个项目当作课后社团活动一样来做。我们在做这个项目时,方式相对自由,速度也相当快。也许正因如此,我们在制作过程中才会如此开心,这让我们感觉像是在恶搞《塞尔达传说》。"

角色

"我之前说,要把《织梦岛》设计得有点像《双峰镇》。《双峰镇》在当时挺受大家欢迎的。这部剧讲述的是一个小镇上几个角色的故事。之后,在《时光之笛》和《魔力面具》中,出现了各种可疑人物。这虽然不是我的主意,但我个人觉得这样很有意思。"

难度

"我们希望《塞尔达传说》是一款可以反复玩的游戏。比如,玩家通关一次后,可以挑战一下自己,看看能不能更快地再次通关。即使只是在大世界四处走走,也能发现很多东西。"

改变

"如果你付出很多努力,想要做得比以前更好,却因为一些好的东西已过时就把它们扔掉,不加选择地加入新的东西,你就会把事情搞砸。你不能因为某样东西是新的,就认为它一定是好的。"

传奇衍生作品

我们已经介绍了《塞尔达传说》系列的所有主要游戏，除此之外呢？让我们来探索一下存在于游戏系列外围的奇珍异宝吧

德鲁·斯利普（Drew Sleep）

没有哪个电子游戏系列能在长达近 40 年的历史中不参与跨界合作或制作衍生作品。以任天堂的另一个旗舰系列《马力欧》为例：我们可以看到，这位精力充沛的水管工已经出现在网球对决、卡丁车竞赛、纸片主题的角色扮演游戏等各种游戏中。

《塞尔达传说》也不例外。

林克、盖侬多夫和塞尔达虽然不像马力欧那样频繁出现在各种作品中，但他们也已经走出了主要系列游戏的范围，来到了海拉鲁以外的世界。林克甚至通过南梦宫的《灵魂能力》进入了任天堂以外的世界，能做到这一点的任天堂角色并不多。

在接下来的篇幅中，我们将探讨《塞尔达传说》如何跨越其主系列的边界，衍生出外传和跨界合作作品，以及其做出的一些不太成功、没有成为系列巅峰的尝试。从十字弓训练到夸张的战斗，让我们走进《塞尔达传说》衍生游戏的世界。

《塞尔达无双》

» 《任天堂明星大乱斗》上手容易，精通难，这意味着任何人都可以加入战斗。

开发商 Omega Force 的《真·三国无双》系列以其超乎寻常的战斗著称。该系列本质上是与历史相关的砍杀游戏，不过历史元素并不严谨。吕布、关羽和周瑜等人只需一招就能斩杀整支军队。听起来有点荒谬，对吧？确实如此。但它能让人非常满足。当你操控的英雄以逃避现实的名义大开杀戒，你会情不自禁地露出笑容。

» 没错，你终于得知"1 个林克和 18 个耀西对战谁会赢"这个老问题的答案。

近年来，Omega Force 在其他深受大众喜爱的游戏系列中大胆创作，将《真·三国无双》的游戏设计融入《勇者斗恶龙》、《女神异闻录》和《塞尔达传说》的世界中。《塞尔达传说》系列的主要游戏通常都是安静的冒险，而《塞尔达无双》则是对 ▶

《任天堂明星大乱斗》系列

这个跨界格斗系列从最初简陋的派对游戏，发展到成为任天堂皇冠上一颗闪亮的明珠，并拥有一个忠实的粉丝社群。该系列的最新游戏《任天堂明星大乱斗：特别版》，格斗角色多达 82 位，来自不同的游戏系列，包括《马力欧》《勇者斗恶龙》《火焰之纹章》《最终幻想》《班卓熊》，当然还有《塞尔达传说》。

不过，这个系列的第一款游戏更简陋，只有 8 个角色可供选择，而林克一开始就在其中。这位海拉鲁的斗士是一名全能角色，他的剑让他的攻击范围得以扩大，而他的弓、炸弹和旋转攻击使他成为游戏中装备最齐全的角色之一。

在 2001 年的续作中，可选角色增加了塞尔达、盖侬、希克和小林克。新加入的角色都很棒，尤其是塞尔达 / 希克，因为在战斗中，她可以自由转换公主和希克这两种形态。小林克和盖侬虽然只是分别复制了林克和鹰隼队长的招式，但他们在战场上的表现仍然很出色。

2008 年，小林克没能继续留在《任天堂明星大乱斗 X》中，取而代之的是卡通林克，代表其 GameCube 上独具特色的《风之杖》。卡通林克的招式与前辈小林克几乎完全相同，但卡通林克的动作更加灵活。该系列的后续两部作品《任天堂明星大乱斗 Wii U/3DS》和《任天堂明星大乱斗：特别版》没有增加任何新的《塞尔达传说》角色，不过，小林克在《任天堂明星大乱斗：特别版》中回归了。

真心推荐你去玩《任天堂明星大乱斗：特别版》，因为它是该系列中最出色的游戏。另外，林克通常在游戏最佳角色的排名中名列前茅，这个排名是这位戴兜帽的好人应得的。

作为一部具有跨时代意义的多宇宙战斗游戏，第一部《塞尔达无双》汇集了《塞尔达传说》历史中的全部角色。

如果你喜欢砍杀类动作游戏，那么你一定会爱上《塞尔达无双》。

▶ 该系列的一次盛大庆祝。

第一款游戏是 Wii U 版本的《塞尔达无双》，这是一款跨越时间线的冒险游戏，游戏集结了整个《塞尔达传说》故事中的角色来对抗盖侬和一位名为希雅的女巫。3DS 移植版《塞尔达无双》因引入了名为琳克尔的新女性角色而备受关注。琳克尔拥有双持弩，长得与林克非常相似。琳克尔受到了粉丝们的热情欢迎，以至于制作人青沼英二曾考虑将她加入未来的《塞尔达传说》游戏中。

《塞尔达无双》大获成功，制作续作的计划得到了批准。续作最终于 2020 年 11 月以《灾厄启示录》之名登陆了任天堂 Switch 平台。这部续作是《旷野之息》的前传，重述了林克陷入沉睡之前的那场吞没海拉鲁的战争。虽然《灾厄启示录》得到了自由改编，但作为《旷野之息》的伴侣，它的表现不错，并且获得了两个追加内容下载包（Downloadable Content，简称 DLC）。值得一提的是，《灾厄启示录》是整个《塞尔达无双》系列中销量最高的作品。毫无疑问，Omega Force 的这款游戏得到《塞尔达传说》忠实粉丝们的热情欢迎，销量有数百万份。

《灵魂能力2》

南梦宫和开发团队 Project Soul 为了让《灵魂能力》系列街机格斗游戏有别于《铁拳》和《街头霸王》系列，选择专注于武器战斗。游戏中的角色挥舞着巨大的双手剑、带刃的拐棍或致命的长棍，带来了激动人心的战斗场面。在将《灵魂能力2》移植到 PlayStation2、Xbox 和 GameCube 上时，

» 林克比普通的《灵魂能力》角色更具优势，因为他拥有大量的远程攻击手段。

制作团队决定为每个平台添加一个客串角色。PlayStation2 选择了《铁拳》中的平八，Xbox 选择了漫画角色再生侠，而 GameCube 的人选则显而易见，对吧？

林克手持海利亚之盾和大师之剑进入战场，就像他在《任天堂明星大乱斗》中的化身一样，再次证明自己是一个可怕的对手。与游戏中的其他角色相比，他的优势在于他的

» 在对峙界面按下任意按钮，林克就会对敌人大喊大叫。（图中英文意思：街机、第一关、塔琳姆。）

229

远程攻击手段。他的弓箭、回旋镖和炸弹让他成为一名出色的远程攻击角色，而他的盾牌和剑术也给了他极好的近战选择。

林克的登场受到了《灵魂能力》和《塞尔达传说》两大游戏社群的欢迎。他虽然只在第二部中登场，但他的影响非常大。《灵魂能力》系列以客串角色著称。在 *IGN* 发起的一项投票中，林克名列前茅，击败了达斯·维达和尤达等人。林克要比绝地大师更厉害，这是官方认定的。

《林克的十字弓训练》

任天堂的 Wii 是一款靠外设赚钱的设备，其外设包括 Wiimote、Nunchuk、传统控制器、Wii Motion Plus、Wii Wheel……全盛时期的 Wii 外设多得让人眼花缭乱。Wii Zapper 只是这些外设控制器中的一种，任天堂认为它是射击游戏的完美外设。为了向消费者证明这一点，公司需要一个爆款游戏来凸显 Wii Zapper 的潜力。

《林克的十字弓训练》最初是一款用于展示 Wii Zapper 的游戏，后来才采用了《塞尔达传说》的名称。之所以给它起"十字弓训练"这个非常简单的名字，是由于担心史诗般的名字可能会让粉丝们误解，产生过高的期待。

在这款与 Wii Zapper 捆绑销售的游戏中，玩家将控制林克进行一系列的挑战来磨炼自己的射击技巧。挑战内容包括从瞄准练习到抵御敌人的攻击，最后还可以直接控制这位戴着兜帽的英雄进攻敌人的营地。

《林克的十字弓训练》无疑达成了展示 Wii Zapper 魅力的目的，尤其是当你把它看作一个外设的捆绑游戏时。然而，今天再来看这款游戏，它并没有为海拉鲁史诗般的神话增添多少色彩。

» 打靶练习模式是一个不错的开始，但你可能不会再回头玩这个模式了。

» 防御和攻击模式更复杂，更像一款真正的游戏。

《林克：恶魔面庞》《塞尔达：伽美隆之杖》与《塞尔达历险记》

1989 年，任天堂开始与索尼洽谈为 SNES 开发 CD-ROM 附加设备的事宜。这个"任天堂 PlayStation"能够播放全动态视频，运行更宏大的游戏。然而，在一个极其糟糕的商业决策中，任天堂冷落了索尼，转而与飞利浦合作。索尼没有放弃，推出了自己的 PlayStation 游戏机，并取得了举世瞩目的成功，后来成为任天堂的眼中钉。而任天堂和飞利浦合作开发的设备并没有成功，但飞利浦保留了一些在其 CD-i 游戏机的游戏中使用任天堂角色的权利。

飞利浦为 CD-i 制作了三款《塞尔达传说》游戏，这几款游戏可以说与任天堂的产品"截然不同"。《林克：恶魔面庞》和《塞尔达：伽美隆之杖》是分别以林克和塞尔达为主角的横版卷轴游戏。这两款游戏虽然没有达到任天堂游戏的高度，还有些令人不悦的过场动画，但经现代重新评估后认为它们并没有那么差。另外，看到塞尔达在游戏中扮演更积极的角色也是件好事。

之所以说没有那么差，可能是因为它们经常被拿来与飞利浦的最后一部作品《塞尔达历险记》作比较，即使是盖侬也不会希望如此糟糕的命运降临到可怜的塞尔达公主身上。塞尔达被困在一款画面静止、操作困难、难度不合理的游戏里，游戏还穿插着之前游戏中那些令人反感的全动态影像。

CD-i 上的《塞尔达传说》游戏有趣之处全在意想不到的地方。我们最好不要去找这些游戏，或许可以在网上看看别人玩这款游戏的视频消遣一下，然后再去找一些值得体验的游戏。▲

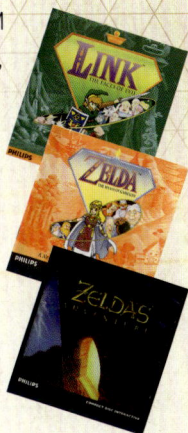

> 虽然我们并不讨厌它的美术风格，但它确实还有很大改进空间。

> 嘿，至少塞尔达摆脱了落难少女这一刻板印象……

《节奏海拉鲁》

任天堂是一家非常重视自己知识产权的公司，你也没法责怪它这么做。任天堂非常清楚，如果把自己心爱的角色借给开发商或发行商，而合作又不成功，其后果将不容小觑。但这并不是说任天堂完全不授权自己的角色给其他厂商。一些最令人难忘的、以林克和塞尔达为主角的冒险游戏正是诞生于任天堂与卡普空的合作中，无论是《不可思议的果实》系列，还是《不可思议的帽子》，都是《塞尔达传说》系列中最受推崇的作品。

2019年3月，任天堂在直面会上公布了一个令许多观众感到惊讶的消息：独立游戏开发商 Brace Yourself Games 将要开发一款《塞尔达传说》衍生游戏。这家加拿大工作室在2015年凭借《节奏地牢》一举成名。这是一款出色的游戏，玩家需要探索地牢，同时根据节奏感强烈的合成器波音乐来把握移动和武器出击的时机。

由于《节奏地牢》的成功，Brace Yourself Games 开始计划为游戏的 Switch 版本制作 DLC。监督奥利弗·特鲁希略（Oliver Trujillo）说："最初，Spike Chunsoft（《节奏地牢》的日本发行商）正在与任天堂商讨将林克和塞尔达加入《节奏地牢》DLC 可玩角色的可能性。虽然这样做本身就已经很有趣，但我们还是决定询问能否制作一款以《塞尔达传说》为主题的全新《节奏地牢》，这是我们最希望做的事情。让我们感到惊喜和高兴的是，任天堂接受了这个想法，于是我们开始制作设计文档、艺术模型和音乐混音，最终创作出了《节奏海拉鲁》。"

这个想法成型得很快，合作也很顺利。特鲁希略说："总体来说非常好，我们还了解到不同的游戏开发方法，很有意思。任天堂是一家大型日本工作室，而我们是一家小型北美工作室。所以其游戏开发方式和我们不同可能很正常，但他们的反馈总是切中要害，对我们非常有帮助。任天堂在 QA 测试和本地化方面也提供了很多帮助。哦，还有，能够参观京都任天堂总部并与一些我们非常尊敬的《塞尔达传说》开发人员见面，无疑是一次有趣而富有启发性的经历。"

当然，游戏的亮点是丹尼·巴拉诺夫斯基（Danny Baranowsky）的音乐。他对《塞尔达传说》的曲子进行了动感混音。巴拉诺夫斯基说："我将《节奏地牢》和《塞尔达传说》的音乐进行融合。有些曲子完全是《节奏地牢》的风格，比如《冰宫》（*Ice Palace*）和《迷失沼泽》（*Lost Swamp*），但有些曲子则完全是《塞尔达传说》的风格，比如《大世界》（*Overworld*）和《格鲁德山谷》（*Gerudo Valley*），这两首是传奇曲目。对我来说，《塞尔达传说》的音乐特点与这些曲子紧密相连，因此即使将这两个世界的音乐融合在一起，它们似乎仍能保留各自的特点。"

» 你必须根据音乐的节拍来移动和攻击，节奏加快时会很难跟上节拍！

» 你会看到一些《塞尔达传说》的标志性道具，以及一些《节奏地牢》的人气道具。

» 仅从画面来看，这显然是一款《塞尔达传说》游戏，但音乐将其提升到了一个新的高度。